100个答案

写给中国家庭的
国际教育行动指南

周成刚 著

新 星 出 版 社　NEW STAR PRESS

人生是旷野，不是轨道

2023 年 9 月，我带领新东方国际团队再次开启世界名校的探访活动。掐指一算，这已是我第十次带队的名校探访活动，也正好是第十年。过去十年，世界局势发生了很多变化，国际教育也或多或少受到了影响。好在有些家长和同学坚持国际教育的信念没有改变，疫情结束后以前所未有的热情投入到孩子的深造规划中。与此同时，在全球范围内，国际教育出现了新的趋势，留学生的人数也出现了新的突破。

我一直坚信自己是在做一件有意义的事。倡导国际教育，目的是希望孩子把中国带向世界，再把世界带回中国，让中国和世界连接在一起。数据显示，在疫情前的十年中，留学人数一直稳定增长，留学归国学生的数量近些年则呈现出更高的增长比例，很多留学生选择学成回国，投身到祖国各地的建设中去。记得中国第一位留学生容闳在他的回忆录《西学东渐记》中说过，"以西方之学术，灌输于中国，使中国日趋于文明富强之境。"沉痛的历史教训换来的这句话，今天依然掷地有声。

今天的留学除了家国情怀，也被不少人赋予了实现个人价值的内涵。换句话说，留学已经进入了3.0时代。现在出去留学，不仅是为了学习新知识或者掌握一门外语，也是去拥抱世界，体验多元文化，开阔眼界，丰富自己的生命，展现全球化背景下的个人追求。这段负笈海外的求学经历也无疑会成为你生命中一段难忘的回忆。

记得我在瑞士探访过一所古老的私立学校——萝实学院，这所始建于1880年的寄宿制学校，提供从小学到高中的课程。学校约有450名学生，他们分别来自71个国家。尽管他们的民族、文化、语言和信仰各有不同，却能互爱互助，和睦相处，像是一个快乐的大家庭，体现了教育国际化的真正魅力。

国际化意味着开放、合作，能兼容并蓄。当人们能用多元、宽容的眼光去看世界，就不会那么激进、狭隘，也会在面临问题时更加渴望去寻求对话，在平等互利的前提下找到解决问题的方案。这种国际化思维是值得我们借鉴和学习的，它会提升我们的思考能力和行动能力，让我们不断拓宽认知边界。这笔财富无关学历，无关光环，却能让我们受益终身。

留学在任何时代都并非一件轻松的事，它是一场需要克服很多困难、走出舒适区的跋山涉水。2013年至今，我带着团队已经走访了20多个留学国家，足迹遍布欧洲、北美洲、大洋洲、亚洲等地区的200余所世界名校，与教师、招生官及不同年龄的中外留学生进行了500多次访谈。这些走访的思考与感悟，包括我自己早年在澳大利亚留学的经历，我都写进了不同的文章和书籍，希望帮助家长和同学看到留学生活的甜酸苦辣，做好充分的思想准备，少走弯路。

我曾经采访过一位在西班牙马德里留学的中国姑娘，她讲述了自己留学过程中遭遇的不少痛苦经历，有些来自生活，有些来自学业，有些来自对未来的不确定感，还有些来自内心深处的迷惘。可当她最终熬过这些苦、走出困境，最后战胜自己时，她感慨自己像换了一个人，觉得一下子成熟了不少，时过境迁，再回首，只觉得"轻舟已过万重山"。

这可能就是成长的烦恼。在跨出第一步之前，在面对崭新的挑战之前，家长和学子们难免显得不知所措。在全国各地巡讲的时候，我看到的不仅仅是家长和孩子们的热情，也看到了他们焦灼的眼神和对未来的期盼。也正是出于这个原因，我一直在坚持我的这份工作——倡导国际教育，传播多元文化。

感谢家长和同学的信任，当我把名校探访中的所见所闻和所思所想付诸文字的时候，家长和孩子们所给予的肯定是我最大的安慰。如果说《镜头里的世界名校》是为了唤起孩子的名校梦，《走向远方：穿越世界的教育寻访》是普及世界名校的教育理念和实践，《不一样的成长：写给中国家庭的国际教育启蒙书》是帮助中国家庭规划国际教育路径，那么最新的这本国际教育"小红书"——《100个答案：写给中国家庭的国际教育行动指南》就是为中国家庭提供实现国际教育规划的途径和方法。

《100个答案》汇集了中国家长和学生最关心，同时也是最常见、最关键的100个国际教育问题，例如对国际教育的理解、低龄出国、专科逆袭、多国联申、合作办学、小众专业、艺术留学……针对这100个问题，基于专业判断和多年经验，我在书中逐个给出了相应的解答。这些答案肯定不是唯一的答案，但我相信它们一定会给你带来不同层面的启发和思考。我在这里也要特别感谢新东方国际教育培训事业部、前途出国咨询公司以及斯芬克艺术留学的专家同仁，没有他们的帮助，这本"小红书"不可能顺利完成。

之所以叫"100个答案"，其实不仅仅是因为书里的这100个问答，也是想通过这本书告诉大家，孩子的未来不止一条路，成长也永远不止一种解法。

人生是旷野，而不是轨道。

是为序。

周成刚

2024年2月21日于多伦多

4

目录

第一章　认识国际教育：格局打开，成长不止一种答案

第二章　另类升学规划：更大的世界，更多的选择

第三章 留学申请：看成绩，更看你的综合实力

第四章 留学备考：机会总是留给有准备的人

第五章 艺术留学：另辟蹊径的个人发展赛道

第六章　海外求学：你的舒适区可以是全世界

第七章　职业发展：愿你纵横四海，归来仍是少年

第一章　认识国际教育：
格局打开，成长不止一种答案

1 国际教育为何越来越吃香？

近年来，随着国内经济、科技及文化等全方位的发展，很多中国家庭对于多元和优质教育的需求也愈加迫切。

国际教育作为优质教育的重要代表，成为不少年轻人发展及提升自身能力的重要途径。那么，到底什么是国际教育？国际教育有什么特点？为什么国际教育能脱颖而出、备受青睐呢？

到底什么是国际教育？

所谓的国际教育，其实就是指中国本土教育体制外的教育。当前，人们讨论最多的国际教育，通常是指美国、加拿大、英国、法国、德国、意大利、芬兰、澳大利亚、新西兰以及日本、韩国和新加坡等发达国家的教育理念和实践。这些国家要么是因为教育思想先进，要么是因为科研成果出类拔萃、学生就业有竞争力，要么是因为教育的不断改革和创新而成为人们追捧的对象，它们代表着面向未来的世界教育的发展趋势。

例如，美国作为一块新大陆，在教育方式上特别注重培养人的创新性思维和批判性思维；英国是一个传统的老牌资本主义国家，历来注重精英教育；大洋洲的澳大利亚、新西兰的教育则更多地立足于本国又放眼世界；欧洲大部分国家的公立大学更注重于普惠民众的教育方针，其目的是让每一个孩子都能平等地享受到高质量的教育，把接受好的教育变成每个人的权利。

再说我们的近邻日本、韩国、新加坡这些国家。日本的教育注重"稳"，能够完美结合东西方特色进行变革；韩国的教育讲究"潮"，新颖且充满活力，其流行文化吸引、影响着许多年轻人，尤其是亚洲的年轻人；新加坡的教育则主张"变"，永远在求新求变，保持开放的态度，中西融合，与时俱进，倡导终身学习。

国际教育是全世界可以共享的教育实践，是孩子们融入世界、拥抱未来的重要途径。也只有理解世界的规则，尊重世界发展的规律，我们才能与世界真正实现同频共振。

对通识教育的重视

大多数发达国家或者教育强国，都非常重视通识教育。通识教育区别于专业教育，内容涵盖多个学科，目的是为学生搭建基本的知识框架，提升对不同学科的认知，最终实现融会贯通。同时，帮助学生在学习过程中了解自己，也了解世界，在反复的思维训练中，明确职业方向，树立正确的价值观。

我们国内的教育由于历史原因，偏科、专业过窄的情况仍然存在。在中学打基础阶段就将学生分为文科、理科，进入大学后又产生较严重的文理分家，学生普遍缺乏对知识系统性和整体性的认知。我们常常能见到文科生不懂基本的物理化学常识，理科生又不懂文、史、哲、法的基本理论，文理学科割裂现象相对严重，不利于学生的全面成长。事实上，近年来高考改革从文理分科变为选科模式的尝试，就是为了打破这种知识屏障。

总的来说，通识教育可以帮助学生明确自己的优势所在，更快地找到自身发展的正确方向，从而减少人生试错成本，更好地发挥潜在优势，为社会发展贡献力量。一句话，通识教育可以帮助我们成为一个更加完整的人。

重视个性化发展，擅用启发式教学

从学习形式上来看，优质的国际教育在教学过程中更加注重启发式教学，让孩子在这个过程中找到自身的兴趣所在，提升孩子的学习能力和动力，培养孩子的创新性及批判性思维。所谓创新思维，就是为了达到一个目的想出各种各样的方法，而批判性思维就是在所有这些方法里找出最好的答案和路径。两者相辅相成，缺一不可。优质的国际教育十分注重因材施教和个性化教学，对学生的考核形式和评价体系更加灵活多样，通常不以单一的考试结果为主导。长期处于这种教学形式中，孩子们往往很早就开始探索自己的兴趣。到了大学，高校会为学生提供大量选修课，学生的兴趣爱好也能得到充分展示的机会。

国际教育与留学的关系

不得不提的是，接受国际教育并不等于一定要出国留学，就像一个人的时髦也不等于穿几件潮牌服装，它本质上是去接触一种不一样的学习形式、内容、理念和评估方法，培养不一样的价值观和思维方式。

不出国也不等于不能接受国际教育。在国内上国际学校，也是接触国际教育、体验国际教育的一个重要途径。即便不上国际学校，我们也可以通过一些世界名校提供的在线课程等互联网资源了解各个学科的前沿阵地，接触一些不同的教育理念和教育实践。

当然，留学是接受国际教育最主要也是最直接的途径之一。出国留学是到一个文化、语言、环境以及价值取向不同的地方去学习深造，是我们获取知识、开拓视野、提升能力、完善自我和丰富人生的一场自我修炼。这正是越来越多的中国家庭选择出国留学接受国际教育的关键原因。

2 国际教育意味着"快乐教育"和"躺平教育"吗？

一直以来，有些人认为成绩不好的孩子才出国留学接受国际教育，有些人则认为国际教育就意味着"快乐教育"和"躺平教育"，那么事实真的如此吗？

究竟何为"快乐教育"？

很多家长其实对"快乐教育"存在误解，他们将"快乐教育"理解为"只要孩子快乐，怎么都行"。其实"快乐教育"不等于"放养教育""躺平教育"，也并非是重快乐、轻教育，甚至是不教育。关于"快乐教育"这个理念，普遍认为它来源于19世纪英国著名教育家赫伯特·斯宾塞。

首先，斯宾塞不断强调对儿童的教育应当遵循其心理规律，教育的目的是让孩子成为一个快乐的人。这种"快乐教育"本质上是主张教育的方式是可以很快乐的，比起指责和呵斥，快乐的方法和快乐的气氛能对孩子的教育产生更好的效果。

其次，斯宾塞认为，在教育过程中，比起分数，孩子思维能力的提升、学习方法的掌握更加重要。作为家长，需要关注孩子的兴趣和好奇心，培养孩子的好习惯和健全的心智，向孩子传递最有价值的知识。在这一层面上，"快乐教育"与中国教育界一直在倡导的素质教育有一定的相似之处。

此外，斯宾塞还主张培养孩子的自主学习能力，这同样属于"快乐教育"的一部分。他认为："这种训练在培养孩子的意志和品质上也有很大作用，能使孩子有勇气和习惯去克服困难，有耐心和毅力去集中注意力。"帮助孩子找到自己的内驱力，在磨炼孩子意志的过程中帮助他们找到成就感，才能为艰苦的学习带来快乐和自豪感。

这些理念也深深地嵌入到了国外的教育体制中。很多国外知名学校在提供基础知识之外，通过灵活多样的教育模式，更加注重孩子自身的优势和长远的发展。而在家庭教育方面，大部分国外的家长也并非不重视孩子的成绩，而是倡导好的家庭氛围，在孩子成长过程中，除了鼓励和引导，也会给孩子更大的自主权和决定权。快乐的背后，依然是自律和自强。

国外也"鸡娃"

如果单纯地认为国外的孩子都是奉行"放养教育"长大的，而长大后却轻松进入了名校，这其实是对欧美教育片面的理解。国外那些优秀的孩子同样需要应对学业压力，并非外界以为的可以自由散漫整天生活在舒适区里。

众所周知，牛津、剑桥两所大学的录取率是评判英国中学教学水平的重要指标之一。多年来，伊顿公学等知名私立学校与普通公立学校在这项指标上的表现相差甚大。但近几年，一所来自东伦敦"贫民窟"的公立学校——布兰普顿庄园学院，闯入了大家的视野，它多次刷新自己的新纪录，2021年学院考入牛剑的人数甚至超过了伊顿公学。

和伊顿公学"非富即贵"的生源不同，布兰普顿庄园学院的学生大多是少数族裔或移民家庭的孩子，他们中有20%来自低收入家庭。十年前，这还是一所风气极差的"问题学校"。2012年，新上任的校长达约·奥卢克希改变了这一切。他刚一上任就开设了高中部，并且设置了门槛：学习成绩只是基础，意志不够坚定、吃不了苦的学生他不收，沾染恶习的学生更是绝对不要。

布兰普顿庄园学院也被大家戏称为英国的"衡水中学"。在这里，学校鼓励学生从早上6点就开始学习，一直忙碌到晚上，各种课业及大小考试也从不间断。为了激励孩子，学校采取了一种可能会让中国学生感觉似曾相识的做法——他们在墙上贴了一张优秀学生的光荣榜。正是全校师生共同的努力，一步步造就了布兰普顿庄园学院今天的成绩。

当然，以精英教育为导向的英国私立中学也有着激烈的竞争。以英国九大公学之一的威斯敏斯特中学为例，其学生个个努力上进，平时异常忙碌和辛苦。他们的日程表上基本上都会排满活动，每门课的老师都会提出严苛的要求，学生之间也会你追我赶，尽量去达到最高要求。为了进入更好的大学，学生们背后的付出可想而知。不仅如此，很多发达国家的优秀孩子除了在课业上出类拔萃外，还会努力打造自己的课外优势，尤其是体育方面的优势。他们会常年保持专业的训练，以便在关键时刻展现自己的与众不同。乔丹是地理专业的，谷爱凌学的也不是滑雪专业，但他们都凭借自己的体育特长，敲开了世界名校的大门。

我们不难发现，国际教育并不意味着"快乐教育"或"躺平教育"。相反，国际教育体系更多的是通过灵活多样的教育模式，注重发掘孩子自身的闪光点，让孩子在未来发展的探索中找到适合自己的出路。

3 近些年备受追捧的通识教育到底是什么？

通识教育也叫博雅教育，起源于古希腊的"自由教育"，倡导人的全面发展与和谐成长。如今，通识教育指的是由自然科学、人文科学和社会科学的基本知识组成的框架。要求学生对知识进行广泛涉猎，以培养自主学习的能力，成为一个更加完善的世界公民。

欧美很多知名学校在中学或大学阶段实施通识教育，让学生有机会搭建自己的知识体系，更全面地了解世界，逐步形成自己的价值观，进而明确自己的兴趣和目标，然后再进入专业学习，从而避免个人发展迷失方向。

"三位一体"的哈佛大学

说起通识教育，就不能不提到全球通识教育的先行者哈佛大学。

哈佛大学成立于 1636 年，远远早于美国建国。1638 年，30 岁的牧师约翰·哈佛被肺结核折磨得奄奄一息，在临终前，他立下遗嘱，把自己一半积蓄和全部的藏书捐给了查尔斯河畔那所刚成立不久的学院。为了感谢和纪念他，学院从此命名为哈佛学院，后更名为哈佛大学。在此之后，真正让哈佛大学飞跃式发展的是第 21 任校长查尔斯·艾略特。这位被罗斯福总统称为"共和国第一公民"的化学家，1869 年担任哈佛大学校长，上任后就倡导教育必须"覆盖全人类的知识"。哈佛大学从此走出了狭隘的宗教世界，课程数量突飞猛进，从政治、文学、艺术、哲学再到经济和历史等，应有尽有。学校还鼓励学生质疑和争辩，挑战权威。随着囊括人类各学科知识精华的"哈佛经典"丛书顺利出版，哈佛大学踏上了伟大的通识教育之路。

如今，哈佛大学面向本科生的通识课、必修课、选修课形成"三位一体"的格局。2019 年，再次改革后的哈佛通识教育计划包括三个部分：通识教育课程（General Education）、分布式课程（Divisional Distribution）和数字定量推理课程（Quantitative Reasoning with Data）。本科生可以选择自然科学、人文科学和社会科学等领域的多门课程，到大二再选定专业方向。

有些文理学院的通识课程甚至贯穿了大学四年的学习，学生直到读研时才进入真正的专业探索。

通识教育的典范——哥伦比亚大学

除了哈佛大学的平均选修模式，以哥伦比亚大学为代表的核心课程模式也是当代大学通识教育的典范。

作为美国最早开始对本科生进行通识教育的大学之一，哥大的校园里矗立着一座标志性的雕塑——一头瘦骨嶙峋的狮子。其目的是要提醒学生：你们也要像饿得支包骨头的狮子去追逐猎物那样，去渴求真理、学习知识。

哥伦比亚大学将西方古典思想传统和名著列为学习重点，要求学生熟读这些对于人类文明发展产生重大影响的名家作品。哥伦比亚大学对"核心课程"的定义是："核心课程是哥伦比亚大学教育的基石。作为哥伦比亚大学才智开发的关键，核心课程的目标是为哥大全体本科生提供广阔的视野，无论其将来的专业或方向如何，都能谙熟文学、哲学、历史、音乐、艺术和科学上的重要思想与成就。"

这一模式后来又催生了芝加哥大学以"伟大著作"为核心的通识教育，要求本科生广泛阅读世界名著，探索真理，开启心智。

从牛津大学的面试题一窥通识教育

牛津大学的面试题可谓将对通识教育的重视体现得淋漓尽致。例如，"你愿意当吸血鬼还是僵尸？""谷歌比我们自己更了解我们吗？""所有生命都很重要，是吗？"等等。这些题目与我们接触的常规考题不同，考查的是学生们的知识广度及思维灵敏程度。

牛津大学官网对此也做出了一些说明，对于多数学生来说，这样的面试是一种全新的体验，虽然题目看起来比较奇怪，但其实每个问题的背后都有用意，以评估学生如何思考及如何应对陌生的信息和理念。学校并不希望学生们死记硬背，而是希望他们能展现出真正的知识广度与思考能力。现如今，很多知名企业都在用类似的出题逻辑对面试者进行考核。面试问题可能有一万种合理的回答，并没有唯一的标准答案。企业是想透过这些问题，来考查应聘者的视野、思维、逻辑能力和应变能力。在这个过程中，你会发现，有一些能力比学历和分数更加重要。

通识教育的内容是人类知识的核心架构，是人类过去探索世界和认识世界的知识结晶。通识教育的目的是"育人"，旨在培养正直的人、有用的人、有文化教养的人、有道德和判断力的人，教会学生如何学习和思考，激发学生的批判精神和创新思维，而专业教育的目的是"育才"。只有将通识教育和专业教育相结合，我们才会培养出社会需要的真正的人才。

4 | 如何培养孩子的全球化视野？

随着世界全球化程度越来越高，国际合作日趋紧密，国家的发展需要更多具有国际视野的高素质人才。在这样的大背景下，如何让孩子在未来拥有全球化视野和不可替代的竞争力，成为当代家长十分关心的话题。那么，到底如何培养孩子的国际化视野，让他们将来更好地和世界接轨呢？

学习英语

　　想要拥有全球化视野，英语的学习是非常必要的。英语是一门现代社会交流所需的世界通用语言，同时也是一个重要的文化载体。我们常说："多一种语言，多一个窗口，多一个世界。"英语就是一个帮助我们认知这个世界、理解这个世界的重要工具。改革开放四十多年来，我们所取得的重大成就几乎都是在和世界的交往、接触、交流、互动中产生的。很难想象，如果当初我们不开放国门，今天我们的国家会是一个什么样子。英语是我们了解这个世界最简单、最直接的纽带之一。如果我们想成为世界的一部分，想站在更高的舞台上去看世界、去影响世界，那么英语是我们必须要掌握的语言。

据统计，目前世界上最受欢迎、浏览量最大的10大网站绝大部分是英文网站，全世界最重要的科学文献至少有60%是用英文写的。如果没有能力和这个广阔而多元的世界对话，也就谈不上去学习和借鉴，我们就很难去拥抱和融入世界。

何祚庥院士夫妇接受采访时也提醒我们：由于我们的自然科学还较为落后，仍然处于追赶和学习阶段，而自然科学里通行的基本全是英语，因此学习英语、放眼世界是十分必要的。

博览群书

更大的视野也离不开博览群书。著名投资家查理·芒格说："我这辈子遇到的来自各行各业的聪明人，没有一个不每天阅读的——没有，一个都没有。"

读书是人生最有性价比的投资，它能够丰富你的头脑，武装你的心灵，开阔你的视野，从而帮你获得更多的信息和看不见的隐形资源，这些东西都将在人生的关键时刻发挥无与伦比的作用。正如巴菲特所说，如果他19岁那年没有看《聪明的投资者》这本书，那么他的整个人生轨迹会截然不同。

进入互联网时代之后，人类的知识在加速更新迭代，科学技术的进步让人眼花缭乱，特别是人工智能的发展更是让人感到震惊，甚至是恐惧。面对未来的各种不确定性，我们也唯有通过读书让自己保持清醒，让自己的能力和适应性跟上时代的发展，也为自己的生存赢得立足之地。

和世界互动

除了语言学习和读书，如果有机会，还可以走出国门，去看看外面的世界。

纵观世界，那些能够屹立于世界 500 强之列的企业，大多数都是跨国公司，都是国际化的企业。我们的孩子未来想要在这些国际化企业里占有一席之地，成为国际化企业的人才，他们也需要拥有国际化的视野。除了学习通用的语言之外，孩子们还需要切身实地走出去，去接触社会，去看看这个日新月异的世界在发生着什么，用眼睛去观察，用脚去丈量，用心去思考。只有这样，才会知道自己的长处和短板。孩子们既要仰望星空，拥有自己的梦想和追求，同时也要脚踏实地去践行，用自己的行动去实现自己的目标。

倡导国际教育，很大一部分原因在于我们的世界正在全球化，所以我们的孩子需要国际化。到底什么是最好的教育？我们又需要怎样的教育？这些问题我们至今还没有标准答案，但可以肯定的是，无论我们的孩子未来在国内还是国外接受教育，都应该具备一种国际眼光，眼界更加开阔，了解并掌握游戏的规则、对话的渠道以及合作的平台，这样才能走得更远，才更可能有所作为。

5 | 西方学校如何培养孩子的思辨能力？

在西方，辩论在古希腊罗马时代就已经盛行，这种传统一直延续至今。在美国，辩论甚至可以说是一项全民运动，上至总统候选人，下至小学生，几乎所有年龄层的人都在参加辩论。很多学校也都有自己的辩论俱乐部，其中一些俱乐部的历史非常悠久。优秀的思辨能力，是当今人才必备的基本素质之一。那么，这种能力到底为何重要，又该如何培养呢？

锻炼独立思考的能力

很多欧美学校在教学方式上都采取开放式的讨论教学，学生的参与性很强，表达观点也很积极。这与欧美学校在基础教育时期普遍采用的PBL（Problem-Based Learning，问题驱动教学法）学习模式不无关系。

PBL学习模式是一种以培养解决问题的能力和创新能力为主的"刻意练习"。1969年，加拿大麦克马斯特大学医学院正式宣布，要在整个学校层面运用PBL教学模式。随后，这个概念开始从医学教育逐渐延展到工程教育、职业教育等领域，继而进入到更多的大学，乃至中小学的教育之中。

在这种教学模式中，学生成为课堂的主角，教师则是引导者，指引学生们发表自己的看法和观点。最重要的是，学生要表达出支持这些看法和观点的事实依据是什么，以及得出结论的论证过程。这种融入教学模式当中的辩论形式，既提高了学生主动学习的积极性，又在无形当中锻炼了学生独立思考的能力。哪怕是一些比较内向、羞于表达观点的学生，也能在这种讨论氛围的带动下，逐渐形成不依赖老师和家长独立做决定的能力，同时也能在这个过程中变得更加自信。

在辩论中获得成长

对于年轻学子来说，辩论不仅能提升他们的思辨能力，还能让他们拥有开阔多元的世界观和坚实的知识储备。以美式辩论为例，美式辩论的辩题多种多样，涉及时事政治、经济学、哲学等多种议题，这些辩题要求辩手们具备广博的知识和独到的见解。

辩论赛的准备过程也推动着辩手们深度学习。为了能够赢下比赛，辩手们会在拿到议题之时就开始筹备。每个辩手都需要搜集和查阅大量资料，并需要保证自己查阅到的资料翔实、准确、来源可靠。

参与辩论比赛，对于辩手而言是一个蜕变的过程。在经历了一些比赛之后，辩手们大多会遇到瓶颈期，但经过进一步的磨炼，又会迎来自我突破，不论是在策略、应变能力还是心态上，都会得到跨越式的提升。这种质变需要量变的积累。辩论赛带给辩手们的从来不是一个冠军头衔，而是成为一个能从失败中不断超越自我的人，同时通过自己的观点去影响更多的听众。

6 │ 国外的家庭教育有哪些经验值得借鉴？

每个孩子的教育通常都由三个部分组成——家庭教育、学校教育和社会教育。对于大多数孩子而言，从出生到成年，和父母一起度过的时间最多，所以家庭教育在孩子成长过程中起着非常重要的作用。但很少有家长清楚地知道自己该如何发挥自身的作用，扮演好家长的角色。那么，我们的孩子到底需要什么样的家庭教育呢？

榜样是最好的家庭教育

家庭教育是奠定孩子一生发展的基础，对于一个人价值观的形成具有独特而不可替代的作用。家长作为孩子日常生活中的楷模，其言行举止、做人做事的原则无不影响着孩子为人处世的标准。家庭教育和家长的学历、家庭经济条件没有必然联系，更多是和家庭朴素的价值取向相关。

欧美国家很多家庭都会在家里开辟一个叫 family room（家庭室）的空间，家人每天在这里相聚聊天、平等对话。所有家庭成员可以针对各种问题和所见所闻发表自己的看法，观点不分高低对错，但鼓励思想的交流和碰撞，以此来加强家庭成员之间的纽带。交谈结束后回到自己的房间，大家都有自己的阅读时间，书本成为家庭里每个人独处时的最佳伴侣。家长和孩子相互勉励，共同进步，读书成为他们生活中重要的组成部分。

英语中有一句谚语，叫"Like father, like son."，即"有其父必有其子"。什么样的家庭，就会培养出什么样的孩子，也就会有什么样的价值观。如果我们希望孩子拥有健康的身心，希望他们在学习上更具自主性，那么作为家长，身体力行、言传身教就成为关键性的影响因素。比如你希望孩子读书，那么你坚持读书了吗？你希望孩子不要玩手机，你有没有放下手机？你希望孩子去接触大自然，你有没有陪伴他们去探索山川河流，去登高望远？

在家庭教育中，榜样的力量是无穷的。好的家庭教育说到底，就是家长用自己的言行举止和点点滴滴去影响孩子，帮助他们形成良好的习惯，顺利地走入社会，为孩子未来的发展打下基础。

尊重孩子的个性和选择

如今，很多家长都想让孩子读世界名校，希望他们通过上名校找到更好的工作，过上更富足的生活。但每一个孩子都是不同的个体，他们的能力各不相同，成长的路径也会因人而异。在不少国外家庭的教育观念里，顺应孩子的兴趣，尊重他们的个性，鼓励多元化的成长已成为共识。并不是每个孩子都适合去读工商管理或者金融工程等热门专业，有的孩子智商高，有的孩子情商高，有的孩子动手能力强，有的孩子则慢熟晚成，步入社会以后才会爆发出惊人的创造力。这就是每个人不同的发展时区。

大部分西方国家的教育更加鼓励孩子把兴趣、潜能与市场需求结合起来，找到最适合的目标和路径，孩子得以持续不断地进步，最终找到自己的竞争力和立足点。西方的家长一般不强求孩子上名校、学钢琴或者练舞蹈，大部分家庭会量力而行，根据孩子的兴趣爱好帮助他们挖掘自身潜力，借助可能的资源帮助他们追逐自己的目标，成为更好的自己，而不是用同一种模式去塑造所谓的"好孩子"。

教育需要适应孩子的特点和天性，充分地赋能和相信孩子，给他们以"自由的责任"。从家庭教育的角度来说，在培养孩子时，最应该给予孩子的就是我们的爱，而不是把我们的想法强加给孩子。我们应当给予孩子探索的自由、成长的空间，这样的孩子，往往后劲更足，持续性更强，前景更好。

兴趣引导很重要

重视孩子的兴趣，也是非常值得借鉴的国外家庭教育理念之一。德国的中小学在新学期开学时，学校会组织家校沟通会，请家长、学生和老师一起沟通孩子的学习、生活及兴趣爱好情况。针对不同孩子的性格特点和能力所长，大家一起探讨孩子未来的发展方向。孩子对什么东西感兴趣，以后愿意做什么，学什么科目合适，三方会一起沟通，力争达成一致。

"兴趣是最好的老师"——相信很多家长都知道这句话，但这不意味着家长强加给孩子一个兴趣，告诉他必须做这件事。家长要做的是激发孩子的天性，找到孩子擅长的方向，帮助他建立自信，获得更大的成就感。

家庭是孩子成长的起点，某种意义上讲，未来人才的竞争也是家庭教育的竞争。鉴于这一点，提升我们这一代父母的育儿观念，给予每个孩子更多的自由和选择，尊重他、爱护他、陪伴他、引导他，才能让他不断成长，找到自己的定位和赛道，朝着既定的目标不断前行。

有句话说得好：父母存在的意义不是给予孩子舒适和富裕的生活，而是当孩子想起父母时，他的内心会充满力量，会感受到温暖，从而拥有克服困难的勇气和能力，以此获得人生真正的乐趣和自由。

7 | 西方职业教育如何培养专才？

近年来，国内的中考竞争尤为激烈。在中考"普职分流"政策的影响下，或有接近50%的学生会进入职业高中。为此，很多家长担心孩子上职校会影响个人发展。作为参照，国外的职业教育是如何培养专才的呢？

西方职业教育的模式与特色

作为职业教育的标杆，德国的职业教育教学体系可谓包罗万象，从传统手工业、制造业再到电子产业，几乎每个行业、每种职业都可以找到相对应的专业课程。

德国的职业教育堪称国家经济和创新发展的助推器，这很大程度上得益于该国职业教育所采取的"双元制"教学模式，即整个教学过程由企业和学校共同进行，并以企业培训为主。学生与企业签订协议成为学徒后，大约有三分之二的时间在企业接受实操培训，并且能拿到企业的实习津贴；另外三分之一的时间在学校上课，学习职业相关的理论知识。很多商业巨擘都曾做过学徒和技工，比如保时捷、奥迪等知名汽车公司的创始人都是学徒工出身，就连德国前总理施罗德也有一段学徒的经历。在德国，接受职业教育并不意味着未来的职业方向已经注定，在完成学徒制教育之后，学生同样可以进入到大学学习，甚至可以选择继续深造，成为学术领域的人才。

与德国的双元制类似，澳大利亚以TAFE（全称为Technical And Further Education，即技术与继续教育）模式为代表的职业教育，是澳大利亚高等教育的重要组成部分。TAFE系统覆盖了上百万学生，远高于澳大利亚普通高等院校的学生数量。值得一提的是，TAFE的文凭广受各行业雇主、企业甚至高校的认可，但入学要求却非常灵活，中专、技校、职校毕业的中国学生，只要获得雅思总分5.5分的成绩，便能直接申请就读。TAFE的核心是以职业能力为本位，学生会在工作场所学习相关技能，同时也会在TAFE学院进行理论和实践课程的学习。

例如，南澳是知名的葡萄酒产地，因此当地的一些大学和职业学校都开设了葡萄酒相关的专业。其中南澳职业技术学院提供的葡萄酒专业课程已经成为学校的特色，不仅能让学生了解和学习葡萄酒产业的整个流程，同时学生还可以前往酒庄实习，深度参与种植、酿造、销售等环节，为毕业后能够顺利在全球食品和葡萄酒行业中开启职业生涯打下基础。

总而言之，西方的职业教育体系与其他教育体系之间并不是泾渭分明的，其间架构了人才双向流通的立交桥，为学生的就业和继续深造提供多种途径。可以说，在这种教学模式下，职业教育并不是教育的终点，反而可能是满足个体多样化、专业化发展和终身学习的起点。

以兴趣为导向选择职业方向

这些年，许多家长在为孩子选择专业时，很容易受到传统观念和外界环境的影响，无论孩子是否有这方面的志向，都倾向于选择当下的热门专业，理所当然地认为这些专业能让孩子在未来很快找到稳定体面的"好工作"。然而，这种带有强烈偏见和功利色彩的想法往往会扼杀孩子的兴趣与优势，甚至成为孩子未来发展道路上的阻碍。

成功的标准很难定义，通往世俗意义上成功的道路也并非只有一条。

享誉全球的厨艺学校——法国巴黎的蓝带学院，被誉为"世界顶级厨师的摇篮"。国外的职业教育对学习兴趣、专业技能、服务精神都有严苛的要求，因此蓝带学院的学员都对厨艺有着发自内心的热爱，他们在自己的操作台前精心烹饪的时候，都像是一位艺术家，专注投入，一丝不苟。尽管在不少人的固有印象中，厨师并不是一个光鲜体面的工作，但在很多西方发达国家，厨师也可以是家喻户晓的大明星，不仅做得一手好菜，还常常受邀主持热门的厨艺节目，厨师这个职业在社会上也是备受尊重，而美食也成为发达国家美好生活的重要指标之一。

航空业遥遥领先的美国，其航空教育也很发达，境内有1400多家航校专门培养职业飞行员、空中交通管制员或航空业的其他专业人才。其中最古老的莫过于圣路易斯大学下属的全美第一所飞行学校，它签发的飞行驾照含金量很高，无论在美国还是其他国家都受到高度认可，最近几年的毕业生尤其受到国际市场的追捧。

此外，加拿大道格拉斯学院提供的配镜师专业也非常具有特色，其灵活的学制以及务实的培养模式，使毕业生连年保持高毕业率和高就业率，受到越来越多学生和家长的青睐。

如今，社会对人才的需求是多元的，所谓大热的专业，并不是每一个人都适合。家长们可以鼓励孩子根据自身兴趣选择职业方向，学生也可以把自己的爱好和市场的需求结合起来，根据实际情况去选择不同的学校和专业。

我们的职业教育还有很大的发展空间，而提升对职业教育的认可和尊重更需要全社会的共同关注和努力。也希望在不远的将来，进入职业学校学习的孩子能够与接受普通教育的孩子一样，在喜欢的领域里学习和钻研，拥有更多元化的发展方向，收获更多的职业荣誉感和幸福感。

　　我一直认为，尊崇自己的内心，发掘自身的潜力，跟随自己的爱好，无怨无悔地去追求自己的目标，我们才能走得更远，走得更加坚定和从容。当然，这一切还需要全社会观念的转变以及社会福利制度的保障。只有这样，我们的职业教育才能行稳致远，进而有为。

8 各国的生涯教育如何帮助学生明确职业方向？

在科技高速发展和观念不断更迭的时代背景下，孩子未来该选择什么职业成为很多家长非常关注的问题。如果想占得先机，少不了对行业的前瞻和判断。因此，生涯教育和职业规划对于孩子们来说是非常重要的一门功课。那么，各国的生涯教育是如何帮助学生的呢？

世界各国的生涯教育

1971 年，时任美国教育署署长的马兰博士（S.P.Marland）首次提出了生涯教育这一概念。在他的理念里，生涯教育应该成为贯穿人生整个历程的全程教育，而不只是职业学校学生课程的一部分。这样的教育理念得到了当时的美国总统尼克松的肯定，他在一次重要讲话中提出，生涯教育是由政府开办的最有前程的教育事业，呼吁全国的学校以及社会各领域人士鼎力支持。

有了总统的肯定和扶持，职业生涯规划教育逐渐在美国实现了法制化、制度化。在 1989 年，美国正式出台了《国家职业发展指导方针》，明确规定职业生涯规划教育要从 6 岁开始，还成立了专门的国家级管理机构，负责制定、发布指导方针，定期进行监督考核。

在美国职业生涯教育的带动下，日本、英国、俄罗斯等国家的中学都进行了教育改革，生涯教育在世界范围内得到广泛的应用和推广。

1999 年，日本提出生涯教育的理念，以期通过提高青少年的职业发展意识与能力来缓解由金融危机所带来的就业压力。2006 年，日本修订《教育基本法》，将"培养重视职业与生活关联性的劳动态度"列入教育目标，要求日本学生从小学起，就必须参与职业生涯方面的教育活动，生涯教育理念在日本得到了进一步的巩固和发展。

此外，澳大利亚的新南威尔士州在生涯教育方面做得也很出色。针对中学阶段的高年级学生，学校会提供职业课程活动模式和大纲，组织学生们到大学和企业里参观，并通过开展职业日、职业展览、请企业家到学校做讲座等活动，帮助学生了解或体验真实的大学课堂和职场，逐渐树立自己的职业目标。

如何引导和启发孩子的职业选择

初高中阶段是学生世界观、人生观和价值观形成的关键期，也是学生选择未来人生发展方向的关键期。那么我们究竟该如何在这个阶段启发孩子的职业选择呢？

首先，要引导孩子正确认识职业。很多孩子对职业的认识比较模糊，对于各行各业具体的工作内容及特点也不了解。例如，孩子们对"作家"这个职业的认知可能仅仅局限于"写字""想象力""足不出户"等刻板印象。这时候就需要引导孩子从最初对某个职业的好奇，到逐步了解该职业的真实情况，有意识地帮助孩子培养未来从事该职业必备的相关能力。

其次，如果有机会的话，让孩子们亲身体验一份工作。曾几何时，很多高中生只有在高考填报志愿时，才懵懵懂懂地发觉自己所填报的专业就是未来自己可能要从事的领域，但由于缺少了解，不少考生在志愿填报时全凭感觉，甚至是哪个专业名字好听就选哪个。这也让不少孩子直到踏入社会后才知道自己并不喜欢这个领域，悔之晚矣。

最后，激发孩子的兴趣和内驱力。美国约翰斯·霍普金斯大学心理学教授约翰·霍兰德提出的职业兴趣理论表明，当一个人从事的职业和他的职业兴趣类型匹配时，他的潜在能力可以得到更好的发挥，工作业绩也更加显著。也就是说，孩子未来从事的职业和个人兴趣、个人能力越一致，就越容易在工作岗位上迸发出激情，也越容易坚持下去。孩子为了自己的职业、未来和梦想去努力，远比为了分数去努力要更有动力。因此，尽早帮助孩子确定职业目标，有助于激发孩子的求知欲和自信心，孩子在学习过程中也会展现出更强的自驱力，从而养成良好的学习习惯。

初高中是生涯规划及辅导的黄金期。在这个阶段，孩子除了智力和知识不断提升之外，还有诸多的品质和技能需要培养和发展，比如沟通交流能力、自我表达能力、自我心理调节能力、生涯决策能力等。职业启蒙是帮助孩子激发学习兴趣、探索未知世界、促进全面发展的重要过程。通过合适的生涯教育，发现孩子的长处和兴趣，帮孩子找到并享受适合自己的生活学习模式，某种意义上是为孩子更长远的发展铺平道路。

如今，国内升学竞争越来越激烈。九年义务教育后，想要入读好的高中和大学，意味着孩子要在中考或高考中达到较高的录取标准。那么放眼世界，国外的学生都是如何升入高中和大学的呢？竞争也会如此激烈吗？

竞争难度各异的高中升学

国外尤其是北美普遍实行 K-12 教育体制，K-12 指的是从幼儿园（Kindergarten）到 12 年级（Grade Twelve）的基础教育阶段，现在已被国际上用作对基础教育阶段的统称。

在 K-12 的教育体制下，国外初高中年级的划分与国内不太一致，但部分国家的"初升高"也有类似国内中考的考核程序，学生们要通过评分等级严格的考试，才能顺利升入理想的高中。

以英国中学为例，英国的初中是从 7 年级到 11 年级，总共五年，前三年打基础，后两年为参加英国的"中考"——GCSE 考试做准备。在 GCSE 阶段，学生通常要学习 8~12 门课程，包括英语、数学、艺术与设计、戏剧等必修和选修课程。课程结束后，学生需参加 GCSE 的统一考试，成绩等级从最高的 A* 一直到 G。如果学生想进入优秀的高中，至少需要 6 门 GCSE 课程达到 B 以上的成绩。根据考试成绩，学生就可以决定是继续读高中，还是去职业学校、专科学校或是中等专业学校学习。可见，英国的学生想要升入好高中，也是需要经历一番努力和拼搏的。

与英国不同的是，美国绝大多数州和加拿大实行的是 12 年义务教育，这意味着其他国家初中毕业后的"分流"制度在美加几乎是不存在的，高中升学的竞争也没有那么激烈。学生们可以在高中毕业后，再考虑自己未来人生道路的抉择。

美国主要有两种不同的升学方式，这取决于学生将来是想要升入公立高中还是私立高中。

如果选择公立高中，学生的居住地所在的学区会划定其就读的高中。在 8 年级的下半学年，学校便会将学生的有关资料送到对口的高中，高中校方很快便会书面通知学生和家长，做好高中的入学准备。

如果不想升入本地对口的公立高中，私立学校也是不错的选择。美国教学质量优异的私立高中不在少数，比如凯特中学、菲利普斯埃克塞特中学等。如果想进入这些优质的私立学校，学生需通过递交申请，经过学校的严苛审核方能录取。另外，家庭还要负担得起昂贵的学费和生活费，这些私立高中才会"敞开大门"。

各有特色的本科升学考试

对于大部分主流的留学目的国，学生入读大学的方式是申请制，但也需要参加各种不同的考试，以取得申请时所需的标准化考试成绩。此外，学生还需提交中学时期的成绩单、个人简历、个人陈述、推荐信等申请材料，通过招生官的审核后方能得到大学的录取。

在美国，本科升学统一的考试是SAT/ACT，但并非所有大学都要求提交SAT/ACT成绩，这取决于大学招生时采用哪类标准化考试政策。例如，麻省理工学院、佛罗里达大学、佐治亚理工学院等高校就强制要求学生提交SAT/ACT等标准化考试成绩，而加州大学则宣布永久性放弃标准化考试成绩，学校更重视学生过往的学习经历、特长和课外活动。

此外，英国、加拿大、澳大利亚与新西兰等国家的大学也普遍实行申请制度，只是所推行的考试不同。比如英国是以A-Level大考成绩作为申请的考核标准之一，学生通常使用3~4门的课程成绩申请英国本科院校。如果想要冲刺QS世界大学排名前50的院校，学生的A-Level成绩一般要达到AAA以上才会更加有保障。澳大利亚大学考查学生则是通过各州举行的大学入学考试，然而这一成绩通常只占入学总分标准的50%~55%，还有一部分成绩来自申请者高中的平时成绩，甚至有些地区的高校仅参考平时成绩。因此，即使学生在各州的大学入学考试中取得了优异的成绩，但平时成绩没有达到要求，也很有可能无法申请到满意的大学。

再以我们的近邻日本、韩国等亚洲国家为例。这些国家的学生本科升学与我们多有类似，即学生通过统一的考试才能够进入大学。韩国"高考"又称为韩国大学修学能力考试，通常在每年11月中旬举行，成绩出炉后学生可以选报三所大学，如果学生同时获得两份以上的录取，可以自主决定去哪所大学就读。

日本则略有不同，所有考生都需要首先参加日本大学入学共通考试，即全国统一性的考试。之后考生可以按照自己的志愿参加多个学校的"二次考试"，考查方式会有写论文、面试等。最终学校根据两个成绩综合评价考生，决定是否录取。

综上所述，国外孩子的升学并非大家想象的那样轻松简单，也需要根据其教育体制的要求，经历大大小小的考试，通过展示自己的真才实学进入理想的学校。对于中国的孩子来说，如果想要去国外就读本科，申请准备与国外学生并没有实质上的区别，但相比于本地学生，我们作为外国留学生还要多参加一门外语水平测试，并达到相关的申请要求，因此挑战会更大一些。

10 国外学生如何度过一个有意义的假期？

在 经过忙碌而紧张的学期之后，假期是广大学生放松和调整身心的好机会。有人在假期休息，也有人趁着空闲参加各种活动，还有些学生借此机会加倍努力，实现学习上的"弯道超车"。那么，国外的学生们会如何度过一个有意义的假期呢？

各国学生丰富多彩的假期生活

假期在学生成长过程中的重要性不可忽视，因为度假的方式足以窥见学生的兴趣、志向甚至是人生目标。有的学生会参加夏令营拓展自己的兴趣爱好，有的当义工丰富自己的实践经历，还有的学习备考、参加名企实习等。

美国的通识教育鼓励孩子们在假期去参加自己喜欢的活动，其中占比最大的就是各类公益性实践活动，包括做志愿者、社区服务、义工等。另外，学校会通过发布书单等方式督促学生在假期保持阅读习惯，提升写作能力和批判性思维能力，以适应新学期的学习生活。大部分美国大学生会选择到企业实习，不仅能够赚到一份零花钱，还能积累社会实践经验，体验社会百态。

　　对于加拿大的学生来说，假期的首选活动是参加能够充分展示自己特长的夏令营。加拿大的夏令营种类繁多，能够充分满足学生的不同需求。传统夏令营包括划船、游泳、登山、野营、艺术、手工、音乐和游戏等。此外，加拿大还有针对某项运动或科目而举办的夏令营，即专项夏令营，比如足球、高尔夫球、骑马、计算机、探险和海外旅游等。

　　英国的一些学校为了确保学生们在假期仍然保持阅读习惯，会和社区图书馆联合推出夏季阅读计划，鼓励学生们去广泛涉略，提升阅读量。旅行也是英国大学生们假期的重要选项，在旅途中，不仅可以增长见识，还可以锻炼沟通能力。

　　日本学生会有假期作业，这一点与中国相似。日本学生的假期作业中最有特点的就是假期日记，学校会要求学生记录下假期的每一天。低年级学生还要写一些观察日记，比如观察苹果是如何变色的，一朵花是怎么长成的等。

　　澳大利亚学生们的假期以放松为主，一家人或在附近自驾郊游，或出国长途旅行，其乐融融。澳大利亚的大学生们还很流行打工度假的休假方式，即旅行到哪个地方，就在那里打一些短工，例如到农场收割庄稼、到果园帮忙采摘，一边打工一边旅行，赚钱娱乐两不误。

遵从兴趣，充实成长

国外学生的假期安排看似无拘无束，却能在活动的细节中锻炼综合能力，帮助他们提升自我。其实无论是外出游学增长见识，还是通过打工、实习积累经验，或是设立目标挑战自我，都是学生走出舒适区的过程。在这个过程中，他们遵从自己的兴趣不断尝试新的活动，不知不觉学会了主动去适应自己不熟悉的环境，也逐渐习惯了没有学校、老师和家长引导和照顾的生活。只有在舒适区外，孩子才能真正独立，只有让他们走进更广阔的天地中，他们才能更清楚地认识自我，明白自己想要追求的是什么。

对于中国的留学生来说，假期的规划尽量兼顾内容的多样性，比如把平常一些因为时间限制无法实施的活动安排到假期来完成。可以尝试实习、科研等活动，或者约上三五好友旅行休闲，还可以利用假期查漏补缺……假期规划需要根据自身情况做出最有意义和最适合自己的安排。

面向人生长期的发展，健康的身心永远是第一位的，其次是正确的价值观，而知识可以用一辈子的时间来不断学习。假期正是可以兼顾娱乐和学习，让身心得到全方位发展和调整的最佳时机。

11 海外高校流行的间隔年到底有何作用？

说到间隔年（Gap Year），相信很多人并不陌生。间隔年通常是指学生在求学期间空出一年去旅行、实践或工作，在这个过程中探索自我，与世界联结。近年来，越来越多的世界知名高校都明确鼓励学生实施间隔年计划，如哈佛大学、耶鲁大学等。很多学生也积极响应这种鼓励，其中就有奥巴马的大女儿玛利亚。她在被哈佛大学录取后，决定先体验间隔年再入学。那么间隔年的作用到底是什么？

在间隔年中感悟人生

间隔年的起源大概可以追溯到 20 世纪 60 年代的美国嬉皮士浪潮。当年，浪潮中的年轻人用公社式或流浪式的生活方式游历世界，只为在旅途中认识自我，寻找自己的精神家园。这种"独立旅游"的形式随后传播到澳大利亚、新西兰等国家，继而在世界范围内流行起来。

利用间隔年旅行、思考人生是比较常见的选择。很多名人也曾选择用间隔年来认真找寻自己想要的究竟是什么。在创立苹果公司前，不到 20 岁的乔布斯就曾做出过体验间隔年的选择。他用几个月的时间前往印度朝圣禅修，寻找对于自己来说真正重要的东西。也正是这段时间，让他想明白了自己要做的事情，"通过创造独一无二的产品，来传递思想和价值，使世界变得更美好"。

在间隔年中找到人生方向

如今的间隔年不再仅限于独立旅游，同时还引申出了不少其他形式，如志愿服务、打工实习等，甚至有的学生还会休学两年去服兵役。普林斯顿大学就设有专门的间隔年项目"Bridge Year Program"，学校会为约 10% 的学生提供资助，支持他们前往其他国家进行间隔年活动。社会也会提供很多资源供有需求的学生选择。

被粉丝称为"卷福"的英国知名演员本尼迪克特·康伯巴奇从哈罗公学毕业后，也曾经历了一年的间隔年。他在香水店工作了几个月，用赚来的钱在印度大吉岭的藏区僧院义务教英文半年。他多次在访谈中提起这段经历："和僧侣们在一起的日子真的很奇妙，他们教会我很多关于人性、关于本原的东西。"正是这段经历，让他回国后决定跟随自己的内心，到曼彻斯特大学学习戏剧，从此走上了演艺之路。

在西方，间隔年的概念已经非常普及，家长也非常包容和支持孩子们去体验间隔年。一段有价值的间隔年会促使孩子更快地成长，不论是在独自旅行过程中所看到的美景和所经历的挑战，还是在实习工作中与社会的零距离接触，或者是通过一段时间的体力劳动收获的坚忍不拔的品性，都可以让孩子们加速成长，对社会也会有更多了解，从而为自己选择专业，甚至是未来发展方向提供参考。

因中西方教育方式和理念的不同，很多中国家长会认为"到什么年龄就该做什么事"，孩子的教育是赶早不赶晚的事情，间隔年就是不务正业，与休学没什么两样。间隔年还可能浪费宝贵的学习时间，甚至导致自己的孩子落后于别人，得不偿失。这也是大多数中国家庭并不重视甚至反对间隔年的重要原因。

但我相信，随着国际教育新理念的输入和交流，这种相对传统的观念也注定会发生变化。

12 什么样的孩子适合选择国际教育？

随着我国经济的高速发展和国民素质的整体提升，越来越多的家长考虑让自己的孩子接受国际教育。那么什么样的孩子更适合走国际教育的道路呢？

自控能力强、有留学意向的孩子

首先需要明确的是，选择国际教育并不是一种逃避行为，而是认可与国内不同的教育体系并为此付诸行动。如果只是为了帮助孩子逃避高考或者躲避国内公立学校的课业压力，国际教育未必是合适的选择。因为孩子一旦选择了国际教育路线，那么他就需要和留学目的国的孩子们以及所有其他国家的申请者竞争，难度丝毫不输给国内的高考。

例如，在英国的初中课程中，学生需要学习 11 门学科，并且每门课业的重要性是相同的。这就意味着，像历史、地理这样的学科在英国的教育体系里，是和英文、数学同等重要的。想要获得优异的成绩，无论哪门学科都需要十分用功才行，甚至可以说需要面对比国内更大的语言、文化和环境上的挑战。

此外，孩子的主观意愿也是重要的判断标准之一。选择国际教育的孩子大概率会在日后出国留学，如果孩子有此意愿和动力，那么他的自我驱动力会更强，更容易主动配合计划，在出国准备的道路上吃苦耐劳，无怨无悔。因此，在选择国际教育之前，家长一定要充分了解孩子的想法，如果孩子完全排斥这种规划，家长一味的坚持最终也很有可能达不到预期的学习效果，反而会给孩子带来压力和负面影响。

主观能动性强、喜欢分享和表达的孩子

在教育理念方面，国际教育注重个性化教学，重视对学生思维方式、主观能动性、创新能力等方面的培养。

在教学形式方面，国际教育大多采用小组讨论和启发式教学，鼓励学生去自主探索，寻找答案，而不是单向式的、填鸭式的和划重点式的死记硬背。老师在课堂上会给予学生更多表达观点的机会，有时还会主动邀请学生分享自己的见解。因此，对于喜欢自我表达、分享观点、发散性思维较好的学生来说，可谓是如鱼得水。

追求个性化、多样化发展的孩子

从孩子自身的特质来看，国际学校更加适合追求个性化、多样化发展的孩子。由于国际学校通常开设了更为多元的课

程，在专注基础知识的同时，还会让孩子在语言、科学、艺术等方面都有所涉猎，为其提供全面发展的平台，所以比较适合那些希望探索自己感兴趣的方向，或者学有余力、希望全面发展的学生。

国际学校的小班化教学形式以及注重学生参与和互动的教学方法，使得教师能够更好地了解每个孩子的学习风格和兴趣爱好。这种关注个体差异的教育模式鼓励孩子在学术、艺术、体育等领域的自我发展，从而帮助他们在成长的道路上树立起自信心，为未来的成功奠定坚实的基础。

有一技之长的孩子

优质的国际教育普遍重视让学生寻找自己的爱好，发挥自己的长处。每个孩子都是不同的个体，兴趣爱好和能力优势都有所不同。国际教育所提倡的因材施教，便致力于发挥孩子的特长和潜力。

有一技之长的孩子在国际教育体系中能够得到更加有针对性的培养。国际教育不仅注重学科知识的传授，更强调培养学生的实际技能和才干。对于展现出某种特别天赋或者对特定领域有浓厚兴趣的孩子，国际学校通常会提供更为专业的培训和资源支持，以便他们能够在自己擅长的领域取得更高的成就。

这种专注于个体发展的教育模式为孩子们提供了更广阔的发展空间和更加多元的选择。无论是音乐、舞蹈、绘画、体育、科技还是其他领域，孩子们可以在专业教师的指导下不断精进自己的技能，发挥自己的特长，积累宝贵的经验，在自己擅长的领域内不断成长，成为在未来职业道路上具有竞争力的个体，为社会的进步和发展贡献才能和力量。

13 接受国际教育的主要途径有哪些？

很多人把国际教育和留学画等号，这种认识其实是不准确的。留学只是国际教育的一部分，是走向国际教育的一个重要通道，但它并不等于国际教育。总的来说，接触国际教育的常见途径主要有如下几种。

适合低龄孩子的国际学校

考虑到孩子的年龄和各种客观条件的限制，近年来，国际学校渐渐成为越来越多中国家庭低龄教育的选择，也成为很多孩子接触国际教育的首选途径。

起初，国内的国际学校是为了解决外交人员子女教育问题而开设的，这类学校的模式更接近于国外，大多集中在北京、上海等一线城市。学生要进入这类学校必须拥有外国国籍或者绿卡。而近几年，国际学校如雨后春笋般在各地开设，其中不少还是我们耳熟能详、叫得出名字的。这些国际学校更多是为满足部分中国家庭对另一种优质教育的追求而诞生的。

这类学校对学生的户籍没有要求，其中部分或者全部采用国外教材、开设国际课程，学习内容和学习方式和海外教育部分接轨，主要针对那些将来要送孩子出国读本科、希望提前做好准备的家庭。

公立中学的国际部

现在国内有不少知名的公立中学都开设了国际部，也同样为学生提供了接受国际教育的好机会。

这些公立学校往往有着优质的师资、资深的教学团队、相对较低的学费，以及稳定的办学成果等优势，更重要的是，孩子可以在相对熟悉的生活环境和学习状态中体验国际教育。由于公立学校的国际部会按照国家标准开设相关的必备课程，在课程设置上，学生不仅需要学习 AP、IB 或 A-Level 这类国外的学科课程，还需要学习国内的语、数、英等课程，可谓是一定意义上的"中西合璧"。因此，公立中学的国际部也成为众多准备出国留学的中国家庭深思熟虑后的一个重要选择。

需要注意的是，相比于国际学校，公立学校国际部的招收门槛一般来说会更高，名额也相对有限，在入学时会严格考查学生的成绩，择优录取。因此，有意愿选择公办学校国际部的学生和家长需要尽早做好相关准备。

顺应全球化趋势的中外合作办学

中外高校合作办学开创了"本土留学"的新机制，这一趋势代表了中国的学生群体对多元文化环境和国际培养模式的向往，也顺应了"海外学生到中国"的教育全球化潮流。

从毕业获得的文凭来说，中外合作院校能得到与国外大学一样的学位证书。以上海纽约大学为例，本科毕业生将获得美国纽约大学学士学位证书（美国纽约大学颁发）、上海纽约大学学士学位证书（中国教育部监制）、上海纽约大学毕业证书（中国教育部监制），中外两边均受认可。

除了获得的毕业证书，这类院校还在其他方面凸显自己的国际化特色，比如全英文授课、聘请外籍教授、英美教学模式、一定比例的国际学生、有机会到国外大学本部学习和交流、毕业之后出国深造的比例较高等，可谓是"立足本土，放眼世界"。

出国留学需要一下子融入一个全新的国家及环境，而这类家门口的国外学校就属于折中方案，学费、生活费等开销也更有竞争力。所以说，我们的孩子不走出国门也可以接受国际教育。

第二章　另类升学规划：
更大的世界，更多的选择

14 国外中学有哪些类型？

由于国外中学的体系不同于国内中学，不少家长在筹备孩子出国读中学时，不仅会考虑留学目的地，还会思考入读什么类型的中学更适合自己的孩子。那么国外中学都有哪些类型呢？

公立中学和私立中学

首先，根据办学性质的不同，国外中学可以分为公立中学和私立中学两大类。

在英美等主流留学国家中，多数中国家庭会选择让孩子就读私立中学，这主要是由于当地政府所制定的政策所致。例如，美国公立中学是由政府出资经营的，一般只接受美国国籍或持有美国护照的学生或国际交换生，因此招收国际生的公立学校数量较少，且招收国际生的名额也相对有限。

除了政策的因素，私立中学能如此获得青睐，也源自其独特的亮点。虽然相较于规模更大的公立中学，大部分私立中学会显得有点"袖珍"，但每个学生也因此能获得更多的关注。例如，撒切尔学校是全美著名的私立中学，拥有丰厚的资源，可在校学生总数不足 300 人。但正因为不过多追求学生人数的扩展，撒切尔学校的老师们才有时间和精力顾及每个孩子。学校宛如一个大家庭，师生之间、学生之间关系融洽，孩子遭遇的问题也能得到及时解决。

此外，私立中学更加关注孩子的全面发展，尊重和包容不同的声音，致力于每个人潜能的挖掘。私立中学充足的经费还能够保障丰富多样的教学活动和先进的硬件设施，比如提供摄影场所、多媒体工作室、话剧馆、体育馆和游泳池等，通过各种量体裁衣般的趣味课程，来发掘孩子们的天赋与兴趣之间的交叉点。

寄宿制和走读制中学

根据管理形式的不同，国外中学还可以细分为寄宿中学与走读中学。

寄宿中学一般都有宿舍，要求学生住校以方便学校管理。例如，英国赫赫有名的伊顿公学，对学生从内到外、从衣着到行为举止都有着严格的要求。

伊顿公学一共有 25 栋宿舍楼，每栋宿舍楼住 50 余名学生，这里就是伊顿学生 5 年里的家。除了学习，学生平时的起居、饮食、比赛和娱乐都在一起。每个宿舍配有一位舍监，负责看管工作。舍监既是班主任，又是家长，也同样"以舍为家"，带着自己的家属住在宿舍里，方便随时照顾学生。

对比保姆式的寄宿中学，走读中学是没有宿舍的，国际生们通常需要住在学校附近的寄宿家庭中。走读中学虽然没有寄宿中学的约束力大，但学生可能会拥有更多的语言锻炼机会，同时还可以扩大自己的活动范围，深入体验当地的文化与生活方式。毕竟，在国外读书，积极融入当地社区也是一个重要的环节。除了语言能力之外，社交能力、组织能力、解决问题的能力都是学生们应当具备的综合素质。

混校与单性别学校

所谓混校，就是一个学校里既有男生也有女生，类似国内学校的招生设置，这也是大多数学生和家长们的选择。而单性别学校顾名思义，就是学校里只有男生或只有女生。

在单性别学校中，男校的课程设置会更加适合男生的学习和思维习惯，依据男性对社会的认知，来开设性格塑造等课程，这类课程会着重培养男生的绅士风度和竞争意识。此外，很多男校还会将大量资源投入到体育项目中，比如棒球、橄榄球等，以便更好地培养学生强壮的身体和团队协作精神。

女校大部分则注重学生个性以及气质方面的培养，艺术课程更加丰富，一般还会开设诸如形体、礼仪等课程。不过近些年，女校也越来越重视培养女生在社会中的竞争力，帮助女生提升领导力、创业能力以及科研能力，让女生也能够在这些领域大放异彩。

地理位置比较临近的男校和女校之间会不定期举办联谊会，推出男女学生可以共同参与的活动，因此单性别学校对孩子性格的养成、人际交往能力的培养也不会缺失。这一点大家也不用过分担心。

除了以上提及的几种主要的海外中学类型，依据学校背景的不同，海外中学还可以分为宗教和非宗教两类。此外，还有军校、艺术类高中和特殊教育类学校等类型。但无论学校类型是什么，在选择是否就读时，均需要结合学校实际情况做出全面考量。

作为家长，在了解了海外中学不同的类型后，更多的还是要和孩子说明各类学校的利弊和匹配度，将最后的决定权交给孩子，让孩子根据自己的兴趣和性格特质，选择适合自己的学校。

15 海外中学的教学模式有哪些特色？

在国际教育的路径规划上，在中学阶段，除了就读国内的国际学校或公立学校国际部之外，不少家长也会选择让孩子出国就读海外中学。那么，到底是什么吸引了这些家长选择海外中学？海外中学的教学模式又有什么特色呢？

小班教学，让每个孩子学无遗漏

小班制教学可谓是国际上普遍流行的教学形态，因为这种模式能有效地因材施教。由于班级人数少，老师能更有精力和针对性地引导每个学生，每个学生也都能充分地表达和展现自己。师生之间交流的频率、机会增多，关系也更加密切。

例如，美国著名的格罗顿中学在教学的过程中，会刻意将每堂课的学生人数控制在 10 人左右，以保证教学质量和学习效率。在这所学校看来，频繁而密切的师生交流是学生全方位发展的关键因素之一。老师与学生彼此熟悉，学生之间关系融洽。在这样亲切的氛围中，学生能够毫无负担地坦诚讨论问题，积极地表达自己的观点和思考。

在英国的温彻斯特公学，老师会采用多种多样的教学方法帮助学生学习和理解知识。老师在讲授内容的同时，还会用一系列引导式的提问帮助学生寻找理解的线索，启发学生回答问题。有的时候，老师会针对某一议题或内容，让学生们利用一整堂课的时间自由讨论，碰撞出思想的火花，而老师只会在一旁辅助，把控课堂节奏，把学生的讨论逐步引向深入。

多维评价、因材施教的教育

与国内的大多数中学不同，美国、英国、澳大利亚、新西兰及芬兰等一些发达国家的中学不会设立固定的年级课程，学生可以根据自己的兴趣爱好、专业特长，选择适合自己的选修课程。

芬兰的罗素高中便是该国教育改革的先锋，一直以来备受国际教育领域推崇。学校会鼓励老师积极尝试不同的教学方法，例如问题导向式教学、现象式教学、网络课堂教学、作品展示等。此外，学校可供选择的课程超过 500 门，不仅涵盖多个学科甚至跨学科领域，而且还会不断更新。学生可以根据自己的兴趣和需求选择适合的课程。罗素高中的因材施教还体现在对学生的评价模式上，以学校近些年积极推广的现象式教学为例，学校不再仅以考试来评估学生，而是通过作品、面试、课程作业的完成情况给学生评分，通过学生的个人展示、小组展示等多维度表现来评估学生的学术能力。这种综合评价的方式更加灵活、客观，在很大程度上摆脱了单一考试评价体系的片面性。罗素高中的老师们很清楚，让每个学生在各个领域都达到同样的高水平是不可能的，但是学校可以帮助学生在自身水平的基础上提升和进步，教会孩子们尊重和平等地对待每个人。这种因材施教的教育模式带给学生的是满满的自信、健康的个性和宽广的胸襟，让学生们终身受益。

总体而言，海外中学的教学和管理基本上是围绕学生个性化发展服务的。虽然不同的学校因其国家的教育理念的差异而各有侧重，但都会尽力帮学生寻找适合自己的学习路径。

一所学校，只有尊重学生的能力和兴趣，不刻意去揠苗助长，才能让学生们更好地发挥潜能，更好地成长。

16 海外大学有哪些种类？

学生和家长在选择海外高校时，首先要了解留学目的国的教育体制和院校类型。不同类型的院校，在培养目标、学术水平、学术资源、学费等方面都会有一定差异。

公立 VS 私立

根据办学主体性质的不同，海外高校大致可以分为公立大学（Public University）和私立大学（Private University）两种类型。以美国为例，美国公立大学的经费通常由政府资助，学费相对低廉，校园规模会更大，如加州大学伯克利分校、伊利诺伊大学芝加哥分校等；而私立大学的运营资金主要来自校友和基金会的捐赠，虽然学费较高，但往往拥有更低的师生比，学生与教授的互动和沟通也会更加密切。我们耳熟能详的哈佛大学、斯坦福大学、普林斯顿大学等名校都属于私立大学。

在招生政策上，公立大学每年申请人数很多，为了能更高效地筛选出符合院校要求的申请者，学校在招生时更看重学生的学习能力"硬指标"，比如 GPA 和标准化考试成绩，大多倾向于公式化的评估方式。反观招生规模较小的私立大学，在审核学生申请材料的过程中，会更细致地对学生的综合素质进行评估。除了考查成绩外，还会评估学生的课外活动等软实力。

各有所长的"学院"

在海外，同样有"学院"（College）的存在，但它并不是以教育水平作区分，也不等同于国内的专科或者职校，而是以教授课业的侧重点以及培养人才的不同素质模型来划分的。还有一些学院更像是学生的家，而不是纯粹授课的场所。

英国有三所非常著名的学院制大学，分别是牛津大学、剑桥大学和杜伦大学，被合称为"Doxbridge"。所谓的学院制，是中世纪英国大学运作的传统模式。不同于院系（Department）通过所属专业及课题分类进行授课、研究及学术活动，学院（College）是负责学生日常起居及社交活动的社群和场所，每个学院都有来自不同年级、不同院系的学生。各学院高度自治，大部分学院有自己的宿舍、餐厅、图书馆、酒吧、体育场等生活场所，也有自己的教堂和陈列室等，为学生提供了一个集社交、运动、居住于一体的活动中心。在课外社团、社区服务、领导力发展、体育竞技、艺术创作等活动中，不同学院形成了自己独特的文化氛围和治学理念，吸引着世界各地不同特质的学生。

学院制的精髓就在于通过学院的分配，将学生们的学术与生活分开，促进多元化交流的同时，也提高了社交丰富性。不同的学院经过时间的洗礼与历史的沉淀，逐渐形成独属于自己的文化与特色，吸引着具备相似气质的学生，也赋予学生更为鲜明的特质。

地处北美的加拿大，其高等院校分为"大学"和"学院"两种。"大学"注重培养研究型人才，课程偏向于理论研究；"学院"则注重培养就业型人才，为当地雇主输送优质劳动力。学院的授课模式注重理论与实践相结合，同时也会充分考量学生的就业需求，针对学生的职业规划来制订相应的学习计划，再配合工作经验的传授和实战操练，真正做到"知行合一"。因此，这两种教育方式都广受加拿大社会乃至世界的认可。

此外，除了和国内相似的以专业划分的学院，如艺术学院、理工学院外，在美国，还有两种比较特殊的学院——文理学院（Liberal Arts College）和社区学院（Community College）。

文理学院以本科教育为主，课程内容主要分为三大块——自然科学、社会科学和人文学科，通常不设专业。学生要在三大主要领域中修满一定的学分才能完成大学本科的学习。很多综合大学里的本科教师，尤其是大学前两年的普及教育阶段，会有一定数量的在读研究生或博士生担任讲师之类的工作；但文理学院却不同，其学院教师大多是教授级别。更值得一提的是，文理学院的规模一般较小，师生比较低，多数采用小班制教学，学生能够得到更多的关注。可以毫不夸张地说，文理学院是美国教育引以为豪的精髓，并在美国高校体系中占据特别重要的位置。

社区学院则是用各州或地区的税金建立的两年制学院，又称初级或技术学院。因其较低的入学条件、较高质量的教学水平、合理的费用以及转入知名综合大学的高成功率等优势，不仅受到很多当地人的青睐，近年来也吸引了不少国际学生的关注。

"合并同类项"的高校

除了以上提及的几种院校类型外，在留学择校时，学生们也不免会遇到一些"成员类"院校。例如，我们所熟知的常春藤联盟（Ivy League），包括哈佛大学、耶鲁大学、布朗大学、哥伦比亚大学、康奈尔大学、达特茅斯学院、宾夕法尼亚大学和普林斯顿大学等。这八所高校全都是美国一流的名校，拥有丰富的教育资源和卓越的科研成果。

这种"成员类"院校还有英国知名的 G5 超级精英大学（the G5）、金三角名校（Golden Triangle）、红砖大学（Red Brick University）等。其中，G5 成员校是英国最高学术水平的代表，包括牛津大学、剑桥大学、帝国理工学院、伦敦大学学院、伦敦政治经济学院五所在英国名列前茅的高等学府，它们也是全球各地众多优秀学子的心之所向。

如果有计划去南半球留学，那么对澳大利亚八大名校（Group of Eight）就一定要有所了解，包括澳大利亚国立大学、悉尼大学、墨尔本大学、新南威尔士大学、昆士兰大学、蒙纳士大学、西澳大学和阿德莱德大学。它们也被称为澳大利亚的"常春藤"，无论是在学术水平、毕业生就业率，还是国际师资水平等方面，均处于世界前列。

海外院校类型众多，本文也仅对一些主要的院校类型进行了阐述，但无论是公立、私立院校，还是颇具特色的学院，有留学意向的学生和家长都需要清晰地认识到，选学校还是适合自己最重要。在院校选择上应从实际出发，做到不盲目从众，理性选择，匹配第一。

17 | 如何看待中外合作办学?

不少中国家庭对于国际教育的认知,或多或少都存在一些误区,中外合作办学便是其中的重灾区之一。提到中外合作办学,不少家长习惯性地认为是在大学中开设的一些"N+N"项目,比如"3+2""4+1""2+2""3+1",甚至"4+0"。由于这类项目部分会采用自主招生的方式,也让很多人误认为中外合作办学是给钱就能上。此外,由于很多与中国高校合作的海外院校在国内知名度不高,导致很多人认为,中外合作办学的高校都是"野鸡大学"。

随着国家鼓励教育开放,推动中外合作办学,人们逐渐消除了这样的误解。大家发现像西交利物浦大学、上海纽约大学、昆山杜克大学、宁波诺丁汉大学等"混血大学"其实是"正规军"。从录取标准到毕业生升学去向,这些高校一次又一次地刷新了大家对于中外合作办学的认知。

那么,中外合作办学项目或机构到底该如何选择?我们又该如何避坑呢?

注意考察办学的合规性

如果对希望就读的合作办学项目或机构存疑，最简单的方法就是去教育部教育涉外监管信息网（jsj.moe.gov.cn）进行查询，查看其是否有合法的审批文件。这是直接了解合作办学基本情况的一种官方途径。监管网上会详细列出中外办学的层次和类别，以及大家所关心的招生模式和规模，甚至有的项目还明确写出了办学的具体专业，以及学生的毕业和升学去向。

从监管网上对于涉外合作办学的分类上，我们也能看出不同中外合作模式的区别。其实无论是"N+N"模式，还是"混血大学"，本质上都是中方和外方联合办学，差别仅在于合作的紧密程度和资质的审批部门。

从合作的紧密程度来看，基本可以分为两类。一类是就单个专业项目进行联合培养，统称为中外合作办学项目。例如不少大学里的"N+N"项目，一般就是这样的模式。为何会开设这样的办学项目呢？原因其实非常好理解，学术无国界，同一领域内的学术研讨必定会促进学者间的合作和交流，那么相同的专业，基于共同的学术目标和教学目标，进行共同培养的模式也就应运而生了。

另一类是院级或者校级进行合作培养，顾名思义，整个学院或者整个学校都是中外合作办学，囊括的专业会更全面，这样的学校统称为中外合作办学机构。这其实也是"N+N"模式的一种延续和扩展，只不过相互合作的专业变多了，由点到线再到面，也是水到渠成或者说顺理成章的事。

从审批职级上看，有教育部审批和地方审批报教育部备案之分。一般来说，本科及以上的学历等级经由教育部审批，而地方审批报教育部备案的，基本为高等专科教育。

多方考察办学情况

选择接受教育的方式，会影响甚至改变我们的一生，因此多方考察相关学校的办学情况至关重要。其中，有几个关键因素是需要学生和家长在做判断和决定前必须要了解清楚的，包括学校的招生方式、入学标准、师资资源配备、课程设置以及教学条件等。

招生方式和入学标准是需要着重关注的部分。招生方式一般分为自主招生和纳入高考招生范围两种。

其中比较受争议的便是自主招生。很多人提起自主招生，就会觉得这个学校很"水"，原因在于大家对于千军万马过独木桥的高考感受太过于深刻，当不用高考成绩来评判学生的水平，就会被认为有失公允。然而，这恰巧是国际教育的一大特色：并不将分数作为唯一的考核标准。这里要注意的是，学校并不是完全不看分数，而是会辩证、全面地参考学生的综合能力。

也正因为这种"开放式"的招生方式，入学标准也需要学生和家长格外关注。入学标准在一定程度上能够体现这个项目或机构招收的学生的能力和水平，也能一定程度上决定该项目或机构未来的发展和毕业生的出口方向。

在 2022 毕业季，昆山杜克大学火了一把。学校发布的首届本科生毕业升学就业质量报告显示，首批 173 位中国籍本科毕业生中，158 人选择继续深造，超过 80% 获得全美排名前十或常春藤联盟院校的录取。申请研究生项目的中国学生人均收获 4.3 封录取通知书，其中 18 名学生斩获 49 封直博录取通知书。在就业方面，有就业意向的 13 名中国毕业生全部就业，最高年薪约为 13.8 万美元（约合 99 万人民币）。这些成绩与学校当时的招生标准，以及优质的国际教育资源的赋能是分不开的。

把握好上述这些评判标准，我们就更可能选出那些适合自身条件的中外合作办学项目或机构。值得一提的是，让孩子参与选校、选专业的过程，也是一种学习和锻炼。在这个过程中，发现问题、解决问题，有助于孩子迎接下一阶段的学习和成长。

18 | 出国留学一年要花多少钱?

在20世纪八九十年代，大部分能自费送孩子出国的家庭，都是较早富裕起来的那些家庭。相比之下，进入21世纪，自费留学生早已成为出国留学的主流，留学的成本也并非很多人以为的那么高不可攀。那么，出国留学一年究竟要花多少钱呢?

必需的学习费用

首先，学费是自费出国留学最基本的开销之一，甚至在一些国家，可以说是留学费用的大头。不过，根据留学国家和院校的不同，学费的差异还是比较大的。例如，欧洲、亚洲国家的高校学费相对较低，甚至有的可以免除学费；而美国、英国的大学，尤其是知名私立学府，学费相对来说会高一些。

根据U.S.News统计，2023-2024学年，美国私立大学的平均学杂费是42,162美元，折合人民币约30.4万元；公立大学外州学生为23,630美元，折合人民币约17万元；公立大学州内学生最低，为10,662美元，折合人民币约7.7万元。在收费偏高的同时，美国大学也会为学生提供种类繁多且数目可观的奖助学金支持，比如发放给优秀博士生的奖学金每年约为 22~35 万元人民币，足以覆盖高昂的学费，节省一点的话甚至可以满足日常生活的开支。

相比之下，去欧洲留学会便宜很多，部分国家如法国、德国、意大利、西班牙的公立学校通常会免收学费，学生只需要支付注册费和生活费，但前提是所申请项目为小语种授课项目。可见"知识就是财富"，通过小语种考试、申请到相关项目能够为自己的留学生活节省下一大笔开销。

相对于欧美国家，与我们地缘更近的亚洲国家和地区的学费更加亲民，性价比很高。例如，日本的国立大学和公立大学的学费仅为每年 3 万多人民币，这是因为这类院校由国家或当地政府全额出资；私立大学则是由民间资本维持经营，学费会稍高一些，每年约 5.5~23 万元人民币不等；而艺术、医药类专业收取的费用会普遍高于其他专业。此外，日本高校为留学生提供了各种学费减免和奖学金机制，有的奖学金甚至是只要申请就能获得一定金额上的补助。

丰俭由人的生活费

生活成本是出国留学的另一大开支，主要包括住宿、伙食、交通、娱乐等各项支出。这些花销通常会根据学校所在地区的不同而有所差异，特别是在一些发达国家或繁华的大都市，生活费会因物价水平而水涨船高。

　　住宿费因留学生选择的住宿方式而异，包括校内宿舍、寄宿家庭或校外租房等。一般来说，校内宿舍是比较有性价比的选择，不仅设施齐全，安全也能得到保障。以美国大学为例，大城市如纽约、洛杉矶等，每年的费用会在8000~15,000美元之间；中部或南部城市如芝加哥、休斯敦等，每年的费用在6000~12,000美元之间。一般来说，学校会提供不同档次的宿舍，例如标准间、套间（包括独立浴室）等，不同类型的宿舍费用也会有所差异。在外租房的花费则根据地理位置的不同以及房屋类型而异。一般来说，公寓（Apartment）会贵一些，合租房（House）比较经济。如果选择居住在寄宿家庭，大城市如纽约、洛杉矶等，费用在每月800~1500美元之间，具体取决于区域和提供的服务；中部或南部城市如芝加哥、休斯敦等，费用在每月600~1200美元之间。而在亚洲或者其他一些发展中国家，平均每月500~1000美元用于租房就足够了。

　　相较于住宿费，留学生的伙食费开销并不算大。如果选择在学校的食堂吃饭，或者自己动手做饭，偶尔去餐馆犒劳下自己，这方面的成本不会特别高。例如，在英国留学，这样下来一年的伙食费大概在3万元人民币左右。

在交通费用方面，除了必要的往返国内外的国际机票外，在国外求学的日常生活中，有些学生出行喜欢步行，有的喜欢坐地铁或公交车，有的偏好打车，花费也是各不相同的。

娱乐的开销就更无法一概而论了。例如，有些留学生喜欢健身、运动，平时喜欢去运动场踢球、参加俱乐部活动等；有人一有时间就去逛博物馆，或去其他城市旅游……个人的兴趣不同，这方面的支出也会有很大的差别。

总的来说，出国留学的费用会因留学地区、留学生个人的生活方式和习惯而有所差异，虽然比在国内生活学习要高出不少，但是学生们可以通过申请奖学金、做兼职、实习等方式来减轻经济负担。

留学生们也可以通过管理自己的开销，更加科学合理地规划自己的学习和生活，对自己的日常收支做到心中有数，在力所能及的范围内提高自己的生活质量，让留学生活更加充实美好。

19 | 普通家庭的孩子出国留学，有什么性价比高的选择？

关于出国留学，我们经常听到一种说法：能让孩子出国留学的多是"非富即贵"的家庭。那么，普通家庭的孩子能出国留学吗？

事实上，在全球化浪潮下，随着中国经济实力的增强，留学已经成为许多中产家庭的选择。有了充分的思想准备，掌握准确的信息，选择合理的路径和国家，再加上自身的努力和付出，普通家庭的孩子照样可以实现留学梦。

争取奖学金

如果你是学霸，不妨尝试申请奖学金。一些教育强国的大学都设有各种奖学金，就是为了争夺世界各国的优质学生。

美国是全球提供奖学金最多的国家之一，硕士和博士学位的奖学金尤为可观。例如，在 2023–2024 申请季中，美国杜兰大学提供了多种类型的奖学金，包括学术奖学金、领导力奖学金、社区服务奖学金、艺术奖学金、运动奖学金等，其中部分类型的奖学金每年可高达 32,000 美元，一般为四年期。另外，美国的部分顶尖名校有家庭收入评估计划，中国大部分家庭的孩子一旦考入这些大学，都能享受不同程度的奖学金和学费减免。

当然，竞争知名院校的奖学金需要学生在 GPA、标准化考试成绩、课外活动、业余爱好和科研项目等方面具备一定的竞争力。这些都需要学生在平时去积累和沉淀，毕竟不劳而获的免费大餐是没有的。

欧洲留学

去欧洲一些教育发达国家留学的费用并不是那么高不可攀。

在德国，公立大学属于福利教育机构，除巴登 – 符腾堡州的高校每年收取大约 1500 欧元（约合人民币 10,000 元）的学费外，其余公立院校学费全免，学生只需要支付注册费及生活费即可。

法国的公立大学直接受政府资助，学生每年也仅需支付 300~3770 欧元（约合人民币 2000~28,000 元）不等的学校注册费。

只要学生优秀且学习劲头十足，在爱尔兰获得奖学金也不是难事。爱尔兰的教育部、国立大学都会给国际留学生提供奖学金，比如利莫瑞克大学为留学生每年提供最低 5000

元、最高 20,000 元人民币的奖学金，而且该项政策会一直延续下去。

亚洲留学

每每谈及留学学费低廉和高性价比选择，就不得不提亚洲留学。科研、教学实力均处于亚洲前列的日本，高等院校分为国立大学、公立大学、私立大学三类。其中，国立大学、公立大学由中央或地方政府投资，学费每年六约在 54 万日元左右（约合人民币 27,000 元）。教育资源丰富、师资力量雄厚的韩国本科学费也相对友好，首尔地区一年的学费约为 4~7 万人民币。

此外，日本、韩国、新加坡和中国香港等地的奖学金种类繁多且较为丰厚，例如日本的 JASSO 留学生支援会奖学金、大学奖学金，以及中国香港政府设立的"香港优秀学生计划""海外学生奖学金计划"等。这些地区还有较多的勤工俭学的机会，不仅可以给留学家庭减轻经济压力，还可以让留学生提前接触社会，积累人脉，为未来的就业打下基础。

留学的选择涉及个人和家庭在时间、精力、金钱等多方面的投入。在做出决定之前，如果能充分了解近年来的留学信息，不攀比、不跟风，提前规划，踏踏实实付诸行动，普通家庭的孩子同样有机会踏出国门，走向世界的舞台。

如何理性看待"留学鄙视链",做出正确选择？

在留学圈，学校的排名高低常常被互相比较，甚至留学的国家也得分出个"高低好坏"。比如有的人认为英美的老牌名校历史悠久，教育基础更扎实，而临近中国的亚洲国家教育实力就没有那么雄厚；还有人认为，排名高的院校和热门专业更好，排名低的高校、小众专业只能和"水"画等号……发展到最后，甚至出现了"留学鄙视链"一说，美国的高校和专业往往处在鄙视链的顶端。那么除了美国之外的其他国家，真的不值得去留学吗？我们应当如何理性看待"留学鄙视链"，做出正确选择呢？

各具优势的留学国家

除了名校林立的美国，英国、澳大利亚、加拿大、德国、日本等国家的高等教育也都颇具特色，各有优势。我们在选择留学国家时，不应将自己的视野局限和框定在有限的范围内。

澳大利亚的教育资源比较集中，全澳只有 40 多所大学，少而精。就拿 QS 世界大学排名常年位居全澳第一的澳大利亚国立大学来说，它建于 1964 年，十分年轻，但具有非常强的后发优势，重视科研和人才，资源合理分配，发展迅猛。另外，澳大利亚的一些大学这两年的世界排名也是直线上升，赢得了广泛关注。

现在也有很多学生去韩国、日本、新加坡留学，因为性价比高，离家也近，亚洲地区又有很多同根同源的文化元素，适应起来也会更容易。

此外，不同国家留学的费用也有很大差别，即便同为世界知名院校，去美国前十名的一所学校读数学专业本科，和去加拿大名校滑铁卢大学读同样的学位，学费、生活费可能会相差一倍。再比如，欧洲有相当一部分国家的公立大学是免学费的，学生只需要承担注册费、生活费等费用。

拓宽择校方向

对于一些在留学申请上不太占优势的学生而言，为了增加成功率，不妨尝试拓宽自己的择校方向。例如，避开国际大都市，到相对不那么热门的城市去留学。像是美国南部的一些城市，虽然没有美国东部或西部的城市那么繁荣，但是也有很好的学校。再者，如果你对院校排名有很强的执念，但申请美国排名前三十的院校比较困难，可以试着改道申请澳大利亚等国家排名高的学校。

有的家长和学生会用录取难度将国外院校划分为三六九等。事实上，现在主流的大学排名都不会以录取难度作为评判指标。纽约大学阿布扎比分校就是一所堪称录取率比哈佛大学还低的学校，进入这所学校确实难度很大，但并不意味着这所学校的学术水平超过了哈佛大学。

从自身出发选择留学专业

近些年，金融、计算机等都是非常热门的留学专业，很多学生都希望申请这些热门专业，毕业后能够获得高薪工作。但事实上，高薪背后的巨大职场压力也是我们在选择专业时需要考虑的。有时候，相比于物质回报，个人兴趣和热爱是持久发展最好的驱动力。

还有一点需要特别注意，那就是在专业选择上要从自身条件出发，脚踏实地，切勿盲目从众。另外，如果本科读的理科，研究生想转到文科专业相对容易；但如果倒过来，本科是文科，而研究生要去读理科，转专业就会比较难。

所以，留学并没有所谓的"鄙视链"，不同的专业和方向也是如此。在选择时，要找到适合自己的发展空间和职业定位，审慎做出判断，而不是一味追求高排名和高知名度。

21 想早毕业、早工作，可以选择哪个国家留学？

很多家长和学生在选择留学国家时，除了考虑教学质量和学历含金量，也会考虑时间成本和经济成本。英国作为主要的留学目的国之一，在这两方面均有一定优势，因此一直以来备受中国学子的青睐。在悠久的历史和深厚的文化的孕育下，英国的教育已形成了独树一帜的风格。

倡导全面发展的低龄教育

英国的低龄教育是世界上最受欢迎的教育系统之一，涵盖从小学到高中阶段。其核心教育理念是注重培养学生的创造力、批判性思维、交际技能以及解决问题的能力，强调实践与理论的结合，鼓励学生进行独立思考和创新。

英国的低龄教育在保障学术成绩的基础上，也十分关注学生的个性化发展和综合素质的培养。从小学开始，英国的教育就非常重视专业化教学模式。学生可以根据自己的兴趣和能力选择喜欢的科目，例如音乐、艺术、体育、科学、数学等，进而激发自身的学习热情并提高学习效率。例如，威斯敏斯特公学、哈罗公学等私立学校多拥有充足的教学和建设经费，健身房、室内游泳池、校内戏剧院、草地板球场等校园设施一应俱全。

此外，得益于悠久的历史文化，英国的学生还可以经常去历史博物馆和各种文化遗址参观和学习，了解英国的历史文化和传统，建立起正确的历史观。每逢假期，学校还会组织学生去周边的欧洲国家旅游，甚至还会安排学生前往一些发展中国家参加志愿者活动，让学生们提升文化素养，扩展国际化视野。

丰富多样的课内外活动能够有效培养学生健全的人格、独立生活能力、社会责任感，增加学生在未来升学和步入社会后的竞争力。

学术严谨的本科教育

英国有许多享誉世界的高等教育机构，如牛津大学、剑桥大学、帝国理工学院、伦敦政治经济学院等，能够为学生提供优质的高等教育资源和学术支持。

英国的高校非常重视为学生提供广泛的学科知识，讲求师生间的互动式教学和严格的课程要求，让学生在学习中培养独立思考能力和创新能力，在学术上不断突破。这些因素都体现了英国本科教育的严谨性，这对于学生职业素养的培养和未来的发展都起到了积极的作用。

根据英国高等教育统计局（HESA）发布的2021/2022年度英国高等教育统计数据，中国为英国留学生最大生源国，总计约17万人次，远超其他国家。

近些年，英国也在增强对中国教育体系的了解和认同。众多英国知名大学，如剑桥大学、伯明翰大学、南安普顿大学等都接受中国学生凭借高考成绩申请入读本科。当然，中国学生还可以参加"国际高考"AST（Aptitude Scholastic Test）考试，即学能专业水平测试，实现高考、留学双规划。这意味着，凭借优异的高考成绩或AST成绩，普高学生也可以节省读预科的时间和费用，直接入读认可这些成绩的英国大学本科。

此外，英国大多数学校和专业实行3年制本科教育，相比于4年制，在时间成本、学费、生活费等方面都能有所节省。

高性价比的研究生教育

高含金量、学制短是英国研究生教育最大的特点。英国拥有世界一流的教育资源和设施，诸多顶尖大学和研究机构提供了广泛的研究领域和专业方向。研究生教育涉及更高层次的知识和技能，英国的硕士课程通常为1~2年，博士课程一般为 3~5 年。尤其是英国授课型硕士项目学制仅为 1 年，除去各类假期，整体授课时间大概为 9 个月，大大节约了学生的时间成本。

在留学经费方面，英国很多大学会为学生提供各种奖学金和资助，英国政府也会为一些有助于社会和国家的研究项目提供资助。这些奖学金和资助机会可以帮助国际研究生支付学费和生活费，降低他们的经济负担，为他们提供更好的学习环境。

综上，享受精英教育资源、广泛的学科专业、优质的教学方法、较高的性价比和友好的留学环境，赴英留学具有多方面的显著优势。从科学家牛顿再到流行音乐组合披头士，在历史悠久、人才辈出的英国，留学生所收获的远不止书本上的知识。

22 欧洲留学有哪些独特的优势和挑战？

以往提到留学，大家首选的必然是英美加澳这些传统的留学大国。但近几年，随着国际教育的普及，欧洲留学也被更多家庭所关注和认可。其中，"高性价比"就是对其十分接地气的评价。那么这个性价比，具体高在哪些方面呢？这背后又有哪些潜在的挑战呢？

学费低廉

整体来说，欧洲的很多国家对于学费的收取政策都是比较友好的。

以德国为例，德国是世界上较早发展高等教育的国家之一，其著名的洪堡教育体系引领了欧洲各国大学的发展，高校的教育作风更是以严谨著称。迄今为止，德国已经孕育了上百位诺贝尔奖获得者，诞生了众多举世闻名的科学家、教育家和思想家。

德国的公立大学属于福利教育性质，大部分德国的公立高校都是免学费的。学生只需要支付少量的注册费即可，大概每年几千元人民币。

德国政府允许留学生每年打工 120 个全天或者 240 个半天，如果能安排好自己的时间，那么打工赚到的报酬，就可以覆盖自己的生活基本支出了。这对于家庭条件一般的学生来说，无疑是一个性价比非常高的选择了。

掌握第二外语

在欧洲，基本上每个国家都有自己的语言，且大部分公立学校开设的免学费专业项目都是以当地语言进行授课，因此对于第二外语的掌握是前往欧洲留学的一个基本条件。虽然欧洲部分院校也有英文授课的项目，且学费相比英美并不高，但项目基本聚焦在商科等领域。即便选择英语授课项目，课后的日常交流依然需要适应当地的语言环境。在这样的前提下，掌握一门当地的语言，除了能有更好的课堂体验，更深入地了解当地的风土人情外，对于未来的职业发展和就业也是好处多多。

随着中国不断加强和"一带一路"沿岸国家的国际合作，各驻外大使馆、驻外机构、走出国门的中资企业或走进国门的外资企业，都需要掌握小语种的相关人才。因此，在欧洲留学，高性价比除了体现在用较为低廉的花费就能接受到优质的教育、拿到学历文凭以外，掌握一门小语种也是一项附加值。当然，这也意味着去欧洲留学会面临一定的语言学习挑战，学生需要适应小语种环境下新的教育体制和学习方式。

能力得到锻炼

留学圈经常会打趣说，虽然欧洲留学很多学校不要学费，但是不好毕业啊！事实果真如此吗？是，但不完全对。与其说毕业难，更准确的说法应该是，能按时毕业的人比较少。

法国本科阶段的学制为三年。根据法国高等教育部的统计数据，在2021年，有160万学生注册了法国公立大学本科一年级，但最近三年能成功按时毕业的学生只有35%，如果算上重修一年获得文凭的学生，毕业率也仅为46%。

这样的现状背后主要有两点原因。一是课程设置的自由度比较高。例如，国内高校大部分本科项目的培养计划是四年，那么学校会根据教学计划安排好四年的课程和进度，学生按照计划上课、考试，基本可以顺利毕业。但在大部分的欧洲国家，学生是完成多少个学分后就可以拿到学位，但具体每个学期上几门课，修多少学分，全由学生自行安排。这也是为什么在国外特别流行间隔年的原因，学习、工作、生活是可以根据自己的状态和需求进行调剂和平衡的。

另外一个原因是，有一些国家，比如德国，雇主在招聘员工时会特别看重学生的在校成绩。由于学校不允许学生在课程通过的状态下重读刷分，因此如果学生觉得对某门课没有把握，会选择直接挂科重修，不给自己的成绩单上留下"污点"。这也跟德国人的性格有关，凡事不做没有把握的决定，要做就尽力做到最好。这样看来，能够顺利毕业的孩子，无论是学术能力、语言能力、生活能力都得到了非常好的锻炼和体现。

综上，欧洲留学的高性价比确实令人心动，但同时这也意味着学生要面临着语言和教育体制适应的问题，因此还需要理性决策，做好充分的准备和规划，以应对留学过程中可能遇到的挑战。

23 亚洲留学近些年为何越来越受欢迎?

随着近些年亚洲高等教育的崛起,很多学生在选择留学目的国时也会考虑日本、韩国、新加坡等国家。这些国家凭借与中国距离较近的地缘优势、优异的教育质量以及较低的留学花费,吸引了越来越多中国家长和学生的目光。

学术水平卓越

在学术及专业方面,日本不少大学走在世界学术前沿,斩获了多个诺贝尔奖,为很多基础领域的发展做出了杰出的贡献。艺术、游戏设计、动漫设计等作为日本的特色专业,也成为许多喜欢"二次元"的学生选择留学日本的重要原因。

韩国在艺术、商科、传媒等领域吸引了不少中国学子。2023 年,韩国入围 QS 世界大学排行榜 TOP 500 的院校共计 17 所,部分高校的排名同比往年有明显上升。此外,韩国公共教育经费支出的比重,在世界各国中名列前茅。

新加坡的高等教育水平更不必多说,在亚洲乃至全世界都有着很高的声誉。这里有多年位居 QS 亚洲大学排名榜首的新加坡国立大学,以及短短几十年里发展成为世界一流研究型大学的南洋理工大学。新加坡的大学为新加坡、为世界培养出了多位极具影响力的各领域人士。

除了日韩和新加坡外，马来西亚、中国香港地区也是学生们喜爱的留学目的地。香港的大学并不多，但是排名位居世界百强的高校比例却令人瞩目。这几年香港地区求贤若渴，大量引进世界名校毕业生。

学费性价比和地缘优势

相较于欧美等西方国家，亚洲留学在性价比上要更胜一筹。例如，日本本科阶段的学费相当亲民，公立大学的学费换算成人民币每年约3~4万元，且留学生的学费减免和奖学金机制丰富，成绩越好，花费越小。即使是学费较高的私立大学，一年费用也不超过14万人民币。在韩国首尔地区，本科一年的学费为4~7万人民币，而且勤工俭学的机会也不少。相比动辄每年几十万人民币的美国留学花费，日韩留学确实更具性价比。

除了学费，距离近也是一个优势。对于大部分亚洲主流留学国家，乘坐飞机5小时内便可到达，日韩更是仅需1~2小时即可落地，几乎不存在时差问题。如果周末或假期有空的话，可以随时回家看望亲朋好友。

此外，无论是日韩还是东南亚，在生活方式、社交礼仪和饮食文化上都与中国相近，在亚洲留学也更能让初来乍到的留学生感到亲近，更容易适应。例如，在新加坡国内有76%左右的华人，中国学生前去留学几乎没有什么语言障碍。随处可见华人的面孔，还能够享受地道的家乡美食，这种留学体验独一无二。

国内外就业双重利好

随着中国不断加强和亚洲国家的合作，我国驻外机构以及对外拓展企业对小语种人才的需求量不断增加。这也让选择亚洲留学的学生们，除了获得高含金量的文凭之外，还能在日后就业中获得得天独厚的小语种优势，使留学经历更加物有所值。

此外，日本政府为了鼓励国际学生留下，解决本国劳动力短缺的状况，也采取了一系列的新举措提高留学生就业率。而中国与韩国的贸易往来，让在韩国留学的留学生也获得了更多的工作机遇。

除了以上几点，社会安全、城市宜居、良好的求学和科研条件，都是吸引学生选择亚洲留学的重要因素。

24 | 低龄留学的热门国家有哪些？

现如今，面对国内愈发激烈的教育资源竞争，选择送孩子出国读中小学近年来也成为一种趋势。那么当前都有哪些热门的低龄留学国家呢？

教育水平领先的英美

凭借世界领先的教育水平，英国、美国长久以来都是最受欢迎的主要低龄留学国家。英美等国家的教育重视学生综合素质的全面培养和发展，其教育目标是培养学识广博且具有社会责任的通才。

在英美这样的国家，留学生通常没有办法享受其公立的低龄教育资源，而是需要就读私立中学。英美等发达国家有很多著名的精英私立中学，吸引着世界各地精英阶层的家长和孩子前往。

有些家长考虑到孩子年龄较小，孤身一人前往异国求学，还是希望孩子能就读受当地政府和教育局监管的公立中学，这样更为安心。有这方面需求的家庭，可以考虑加拿大、澳大利亚、新西兰等留学国家。

注重兴趣培养的加拿大

与美国相邻的加拿大，其教育一方面承袭了英法严谨的教学传统，另一方面又吸收了美国新大陆的自由开放之风，兼容并蓄，形成了独特的教育风格。

加拿大在低龄阶段的教育上，非常重视对孩子兴趣的激发和保护。例如，有些孩子爱好音乐，一些学校设有专业的音乐教室可供练习；有些孩子非常喜欢数学，但中学老师已不能提供进一步的指导，学生就可以直接去大学免费旁听相关课程。所以，在中小学阶段，孩子就已经开始探索自己的兴趣和发展方向，并逐渐明晰未来的职业定位。

加拿大的厄尼斯特曼宁高中就是这样一所注重培养孩子兴趣的学校，它隶属于加拿大西部的卡尔加里公立教育局。这所高中的新校区教学楼是一座充满艺术感的建筑，学校设有健身房、工程实验室、电子学习中心、音乐室、机器人实验室等场所，提供烹饪、乐器、美容、3D打印等百余门选修课程。学生可以根据兴趣自主选择，探索自己感兴趣的专业领域，为未来的专业方向、职业规划奠定基础。

自由而多元的澳大利亚和新西兰

地处南半球的澳大利亚和新西兰，拥有不少宝藏般的优质公立中学，因此也成为低龄留学的热门选择。如位于维多利亚州首府墨尔本地区的博文中学，是一所建校于 1954 年的大型公立中学，其学生来自全球 50 个多国家。学校的目标是提供完善均衡的教育环境，让学生既能广泛涉猎各种学科，又能深入钻研自己感兴趣的领域；既能接触丰富多彩的知识，又能发展自己的个性特长。

这所公立学校的教学管理非常严格，以高质量的教学闻名于世界。同时，学校还提供丰富的课外活动和体育竞技活动。这一定程度上得益于墨尔本当地极其丰富的体育赛事资源，比如 F1 方程式锦标赛、全球网球四大满贯赛事之一的澳网等。在这种环境的熏陶下，孩子们也都非常热爱户外活动和体育运动。博文中学的申请难度不亚于顶尖的私立精英中学，对于孩子的成绩，乃至家长的教育背景等都有一定的要求。

此外，澳大利亚和新西兰的自然环境和社会安全程度也对家长和孩子颇具吸引力。清澈的海水、纯白的沙滩和周边成熟的社区，这种舒适、自由、美好的生活环境，有助于激发孩子们的潜在能力，可以启蒙智慧、强身健体、涵养性格，使其成长为更加独立完整的个体。

在安全方面，澳大利亚也颁布了相关法案，要求所有招收国际学生的中小学都要登记并接受监督，以此保障小留学生们申请和就读期间的各项权益。新西兰曾多次被评为"世界最安全的国家"，完善的教育基础设施和保障措施，让家长们可以放心地将孩子交给学校。

除了以上这些热门国家，与我们地理位置相近、文化习俗相似的新加坡也颇受低龄留学家庭的欢迎。作为一个中英双语国家，中国学生在新加坡留学，既享受匡外的优质教育资源，又能快速适应当地的社会文化。

上述这些主流留学国家在低龄教育阶段，都会为孩子提供一个不断尝试、不断探索自身兴趣的环境。选择去某个国家留学，就意味着将要面对与这个国家文化和理念的碰撞。在这个过程中，小留学生可以开启真正独立探索自我的道路。孩子在十几岁这个年纪可塑性很强，多接触、多学习、多挑战，收获也会更多。

25 低龄留学需要家长陪读吗？

如果孩子出国时年龄尚小，家长一定要去陪读吗？如果不陪读，家长如何与学校保持沟通，了解孩子在校情况？

家长陪读，与孩子共同成长

由于每个家庭的情况不同，关于低龄留学是否需要家长陪读这个问题的答案也因人而异。

当孩子处于世界观、价值观、人生观的塑造时期，到一个陌生的环境求学与生活，如果孩子本身自控力不强，很容易受到周围各种不良因素的影响，甚至产生厌学情绪，这时候家人的陪伴可以很大程度上规避孩子在成长过程中可能出现的问题。基于这个角度，如果家庭条件允许的话，陪读是一件很值得尝试的事情。

新加坡、澳大利亚及新西兰等英联邦国家对家长陪读都提供了相应的政策支持。例如，新加坡是世界上唯一将陪读签证写在法案里的国家，孩子的直系女性家长（妈妈、奶奶和外婆三选一）可申请陪读至孩子 16 周岁。家长赴新加坡陪读的第二年可以合法打工或工作，这样既可以照顾家庭，也可以兼顾个人事业。

若家长也有继续深造的打算，澳大利亚和新西兰均有相应的利好政策以吸引高层次人才前来就读，实现全家留学，全家提升。例如，新西兰高校为了吸引世界各地想要就读博士的学生，推出了"博士申请包"，包含博士毕业后工作签证和配偶工作签证。根据当地政策，博士子女可享受新西兰公立学校的免费教育，或按照当地学生的标准就读私立学校。

陪读虽好，但不是"必需品"

虽然家长陪读的好处是显而易见的，但并不是所有的国家和学校都鼓励国际生的家长前来陪读。

美国、加拿大，以及德国、法国等欧洲国家均未对留学生父母设置陪读签证。学生家长只能通过其他类别的签证，如申请旅游签证、探亲签证等来代替陪读签证，这类签证一般允许停留的时间不长。在这些国家留学，低龄学生大多会选择就读寄宿中学或者在寄宿家庭里居住。

一般来说，寄宿制学校学费会贵一点，但日常生活和教学都会有相对严格的管理。在校期间，学校是学生的法定监护人。李湘的女儿王诗龄入读的英国博耐顿女校是一所非常顶尖的英国私立女校，学生的学习强度相对较大，但也有很多课外活动和社团供学生选择。学校的体育活动非常丰富，提供曲棍球、游泳、壁球、体操等各种体育锻炼课程。博耐顿女校的日常管理很严格，学生平日都住校，每个学期只有两个周末能离开学校。学校认为高强度的学习和体育活动有助于培养学生的坚毅精神。虽然辛苦，但孩子只要能适应这样的生活，就会成长得很快。

寄宿家庭对于小留学生来说也是一种不错的选择。寄宿家庭可以为学生们提供良好的语言环境，帮助学生深入了解当地的生活方式和文化，还可以提供交友平台，结识不同文化背景、不同年龄段的人，方便学生参加更广泛的社交活动。当然，寄宿家庭也会为小留学生们的留学生涯带来一定挑战，比如是否能接受或适应与过往完全不同的价值观、文化习惯、生活环境，以及可能与寄宿家庭成员产生摩擦和矛盾等，这些现实问题都考验着小留学生们的沟通能力和解决问题的能力。

家长身在国内，如何给孩子开家长会？

家长会是老师和家长联系的纽带，也是家校合力教育孩子的重要方式，世界各国中学莫不如此。那么家长如果身在国内，如何给孩子开家长会呢？

与国内家长会的形式不同，海外中学的家长会一般采取预约制。例如，美国中小学会提前一个月给家长寄去预约信，提供不同时段供家长选择并预约（一般为半个小时），家长按照预约的时间前往学校与老师进行会面沟通。英国中小学的家长会一般是一学年一到两次，家长也需要提前预约，并按照预约时间与老师进行一对一沟通（一般为 10~15 分钟）。

在沟通中，老师一般会先介绍孩子的学习情况，并询问家长是否有什么问题或担心之处。有些学校则会让学生主讲，由学生向家长汇报自己的学习情况，家长有任何疑问都可以跟老师沟通。还有些学校则主张让学生和老师进行沟通，家长旁听，会议最后家长可以提出自己的问题和疑虑。

若家长无法到场，有些学校会采用线上面谈的形式，留学生家长可以通过网络与老师进行一对一面谈。有些学校则会建议家长委托当地的监护人代为参加，比如寄宿家庭的"爸爸妈妈"。但不论是何种形式，在家长会上，老师对孩子的评价大多以表扬为主，对他们的点滴进步都充分表达肯定。

总体而言，不同家庭的留学陪读之路都不同，究竟如何选择，最终还是要根据家庭的实际情况来决定。

26 低龄留学有哪些问题需要注意？

近年来，我国低龄化留学趋势越来越明显，很多孩子小小年纪漂洋过海，在成长过程中甚至可能会到不止一个海外国家学习，家长们对此难免感到担心与忧虑。那么，低龄留学有哪些问题需要重点关注呢？

身心健康是第一位的

无论哪个年代，出国留学都是需要一些勇气的，尤其是对于低龄的孩子，他们来到陌生的环境中，不仅要面对新的教学方式、课程内容，还要独立去面对很多新鲜事物和生活上的诸多挑战，内心和情绪难免会出现波动。家长应当尽可能地尊重、爱护、引导孩子，多鼓励，帮助孩子保持健康的心理状态。

首先，家长可以通过日常沟通去判断孩子有没有出现不同程度的反常情绪。如果发现，需要及时予以适度的心理疏导，换位思考，多理解和接纳孩子的不良情绪，并尝试帮助他们分析和解决所遇到的问题，教会他们如何应对困境。

其次，家长也应当鼓励孩子参与到校园的运动项目中，这样既能结交到更多的朋友，又能锻炼身体，转移注意力，缓解心理压力，还能培养自律能力，可谓一举多得。

最后，家长应该教会孩子自我保护，遵纪守法，谨防电信诈骗。这几年网络电信诈骗事件频发，小留学生首当其冲，因为不熟悉当地的法令法规，缺乏社会阅历，他们常常成为恶性电信诈骗的主要目标。在一些案例中，国内父母由于救子心切，在各种假信息和恐吓下，私下去执行营救孩子的方案，最终落入圈套，家庭蒙受重大经济损失，孩子也遭受巨大的精神打击。因此，这一点要特别注意。

学习的过程比学分更重要

学习是终身的、全方位的，而学分是阶段性的、相对单一的评价标准，只代表孩子在一个阶段所取得的局部成绩。

一些家长更偏向于短期的目标，想法可能功利了一些。如果我们的孩子仅仅以读名校、最后找到一份高薪工作为目标去努力，很可能会慢慢失去未来持久发展的动力。如今互联网快速发展，科技突飞猛进，人工智能正在不断改变人们的生活方式，孩子的学习内容和方式在变化，知识更新在加速，终身学习能力已经成为年轻一代个人发展的必备能力。进一个好学校读四年，所学知识出来就能享用一辈子的年代已经一去不复返了。因此，在留学过程中，家长应该用一种更加长期的视角，引导孩子关注学习和能力的培养，正确看待学习成绩上短期可能出现的起伏。绝不能一味追求成绩，以至于把孩子的身心压垮。

兴趣是位好老师

兴趣是最好的老师——相信很多父母都知道这句话，但大部分人对此却熟视无睹。如果你希望孩子越来越聪明、越来越爱学习，那就需要把激发、呵护、提高孩子对各种活动的兴趣提到日程上。我们要顺应孩子的兴趣，尊重他们的个性，鼓励多元化的成长，这一点很重要。

国外的不少知名院校，如哈佛大学，其本科生并不多，但学校为学生提供了数千门选修课。即使学生刚开始选择了不适合自己的专业，也可以在众多的选修课里找到新的兴趣点，然后从这个点重新出发，一路去寻求更好的发展。

此外，在国外很多高校，不少同学在毕业时会拥有双学位，其中第二个学位通常是学生入校后基于自身兴趣做出的选择。如此一来，学生们不仅能够探索更多的专业领域，对于未来从事的职业也拥有了更多选择的机会。

低龄留学是一场持久战，除了孩子自身的努力，还需要家长的鼓励与引导。相信在父母们的正向支持下，我们的孩子都能够遵循本心，在国际教育的道路上勇敢、坚定地前行。

27 | 想送孩子出国读中学，什么年龄最合适？

随着我们国家经济水平的不断提升，与其他国家的联系愈加紧密，家长们对培养孩子国际化视野也越发重视，留学低龄化已经成为常态。那么，如果孩子出国读中学，什么年龄最合适呢？

出国留学没有绝对合适的年龄

针对这个问题，其实没有标准答案。出国留学的主体是孩子本身，而每个孩子的情况并不完全相同。因此考虑适合的留学时间节点，关键还是要看家长和孩子的留学目的，以及希望孩子未来走什么样的路，成为什么样的人。

首先，我们通常会建议等孩子相对成熟后再出国，至少是在高中阶段。这时，孩子已经打下了相对扎实的学科基础，对汉语及中国传统文化也有了比较好的了解。孩子需要立足本土，放眼世界，成为国际复合型的跨界人才，方能展现留学的真正意义。

其次，考虑到海外中学与我国中学的学制差异性，前往不同国家就读中学的时间节点也有所不同。例如，美国的高中从 9 年级（即国内的初三）就开始了，建议想要去美国读高中的学生可以选择在 9 年级入学，这样一来，学生可以完整地体验美国高中 4 年的学习与生活，更早、更全面地与美式教育理念接轨。未来在申请美国高校时，连续且完整的美国高中学习背景也是强有力的竞争优势之一。

对于想要前往英国就读中学的学生，高二的时候前往英国入读高中是比较合适的选择。此时去英国，通常以学习 A-Level 课程为主，经过两年的学习，参加统一的考试，并以 A-Level 成绩冲刺英国本科院校，可以大大提升拿到名校录取的概率。对于计划申请牛津、剑桥等 G5 院校的学生来说，可考虑在 GCSE（英国初中课程）阶段前往英国入读。

与大学教育一脉相承的海外中学教育

海外中学大多没有明确的文理分科要求，且普遍采用与大学相同的选课制、走班制，即学生根据自己的兴趣爱好、专业特长，选择适合自己的课程。

澳大利亚和新西兰的中学会提供几十门甚至是上百门课程供学生选择，从英语、数学、物理、化学，到音乐、美术、舞蹈、戏剧、编程等。这些课程都能成为学生在澳大利亚高考里的考评科目，且分值均等。这也为学生们创造了得天独厚的条件，让他们在自己擅长的领域充分发挥才能，为选择大学专业，甚至未来的职业道路奠定了良好的基础。

除了教学制度之外，在教育理念方面，海外中学与高校也一脉相承。美国大学的通识教育理念，在美国中学的教育中也得到了充分的体现。美国大学的通识教育着眼于学生身体、道德和智力的和谐发展，致力于把学生培养成全面发展的人，既有健康的身体、全面的知识，又有广阔的视野和完整的人格。正是秉持这样的理念，注重培养学生们的全球视野和独立人格，成为优质美国高中普遍的教育方向。其中，全球视野指的是一种思维方法，而非简单的"了解国外事物"。真正的全球视野是能从不同角度进行思考，拥有包容的心态和普世的价值。独立的人格包括精神独立、经济独立和思想独立。具有独立人格的人，更能明辨是非，内心坚定，努力追求自己的目标，即使遭遇失败也从容淡定，处之泰然。

综上，如果让孩子在中学阶段出国留学，那么不仅有利于日后的升学，也可以让孩子更容易适应留学国家的主流教育体制和理念。不过，并不是所有孩子都适合出国读中学。目前，国内出国留学的学生更多的是申请本科和研究生。这个阶段出国留学，孩子的心智相对成熟，价值观基本形成，自我管理能力更强，母语和中国文化的根基也会更加扎实，也更加明白心中的诉求，从而学有所成。

28 本科阶段出国留学有何优势？

去海外读本科成为近年来的一种留学趋势。以美国为例，中国赴美读本科的学生人数曾连续 7 年高于研究生阶段。究其原因，很多人会认为高等教育最精华的部分就是本科。那么，本科留学的优势具体体现在哪些方面呢？

重视本科的教育传统

国外大学普遍重视本科教育，本科生能够享受的师资、硬件设施、教学服务都更优质，其中的原因是多方面的。

拿美国来说，很多顶尖的大学都是私立的，而私立大学除了学费收入以外，最大的经济来源就是校友和社会的捐赠。其中，本科生是学生人数占比最大的一部分，学生从本科起会在大学里待上 3~6 年，所以对于美国大学来说，不论是学费来源还是之后的校友捐赠，更多来自现在或曾经就读于此的本科生。对本科生培养的重视，一方面能促使本科生毕业以后为母校捐款，增加学校收入；另一方面，培养出更优秀的人才就能够吸引更多学生来申请，从而形成良性循环。

因此，美国大学会为本科生们提供更多、更好的资源。

例如，大多数院校只针对本科生提供校内宿舍，研究生只提供少量或者不提供宿舍。作为世界高等院校的最佳典范之一，哈佛大学甚至建立了世界上第一个供本科生专用的图书馆。很多大学在本科阶段开设的专业更加广泛，为学生提供了更加多样化的专业选择。以新西兰的大学为例，除了常规的商科、文科、理科外，在本科阶段还提供很多特色专业，如飞行（飞行员培养）、兽医科学、牙医、海洋科学、环境保护专业等。

接受全面的通识教育

说到海外本科教育的独特魅力，就不得不提通识教育。所谓通识教育，指的是让学生在主修专业之外还需遵照学院与学校的要求或个人兴趣，选修最基本的人文、数理、音乐、美术等课程，致力于把学生培养成为全面发展的人，既有全面的知识、广阔的视野，又有完整的人格。

哈佛大学前任校长艾略特为了实施通识教育，曾对哈佛大学进行了改革，改变了传统的以教为主的教学模式，提倡以学为主，并开设了 6000 多门课程供学生选择，挖掘学生多方面的才能。这也是为什么国外的一流院校在招生时，并不仅仅以成绩分数作为录取标准，还会考查成绩以外的表现，如兴趣、爱好、志愿者活动等。

正是秉持着这样的教育理念，美国很多大学的学生可以在大一阶段先不确定专业，通过尝试、接触、探索不同专业方向的学科，找到自己真正的专业兴趣所在。经过完整的通识教育培养出来的人才，既有知识的广度，又有专业的深度，是理想主义和实用主义完美结合的通才。接受纯正的国外通识教育，成长为具备多方面素质的人才，是很多在本科阶段留学海外学生的目标和诉求。

语言、文化适应等能力的锻炼

出国留学要在不同的语言、文化中求生存，其实是更具挑战性的，对于孩子各方面能力的培养，以及个人竞争力的提升都有一定好处。

举例来说，真正的语言能力的提升，至少需要国外 3~4 年正规化的学校训练，而长达 4 年的海外本科学习能够使当地语言浸润到日常交流中，潜移默化地提高学生的外语水平。

本科留学带给你的，不仅是学习形式、内容的改变，也是思维方式和价值观的养成。与来自不同国家的人生活在一起，这种全面真实的跨文化生存体验也能够让人了解、适应并融入国外的社会环境。

从收获与结果上来看，本科留学能够很大程度上丰富自己的背景，增强未来发展的个人竞争力，对继续深造和就业都有帮助。申请国外大学的硕士、博士时，如果你有在海外读本科的背景，招生官一般会认为你具备在海外继续深造的能力。无论毕业后想留在海外还是回国就业，海外本科的学历背景和实习经历都能够为你的简历增色不少，也会更加容易受到用人单位的青睐。

总的来说，本科教育被普遍认为是最能体现一个人学术背景的学历，这也是名校本科毕业生更受欢迎的主要原因。

29 读哪类高中在本科留学申请时更有优势？

很多计划送孩子出国读本科的家长，往往会提前思考孩子读哪类高中在大学申请时更具优势：是国际学校、国内普高，抑或是海外高中？下面我们就来逐一分析各种选择的利弊。

与大学一脉相承的海外高中

读海外高中对于想要申请海外本科的学生来说，优势是比较明显的。从新东方近几年的录取数据可以看出，美国大学对于拥有海外高中背景的学生更加青睐，尤其是哈佛大学、耶鲁大学、普林斯顿大学、斯坦福大学及麻省理工学院这五大顶尖院校，海外高中学生的录取率明显高于国内高中。

究其原因，各个国家的高校总是对相似教育体系内的学校更加熟悉，也更加认可。海外高中的教育模式与国外高校一脉相承，学生可以根据自己的特长和兴趣爱好去选课。也正是因为这种因材施教的教育模式，学生可以充分发挥自己的优势。此外，海外中学普遍重视培养学生的独立思考能力、分析阐述能力、团队合作能力等，而这些也是大多数海外高校，尤其是知名海外高校非常看重的。海外高中能在高中阶段充分地训练学生这些能力，这些优势也让就读于海外高中的学生在未来的大学申请中，更能凸显自己的优势，让自己脱颖而出。

对于中国学生而言，在高中这个时间点出国读书，会更容易过语言关，几年下来，语言能力的提升是肉眼可见的。当然，到异国他乡读高中，既要照顾到高中课程的成绩，又要应付针对留学生的语言考试，压力和挑战会更大。从这个意义上说，高中阶段出国留学可能对于孩子的自我管理能力、自学能力、抗压能力、自驱能力，以及人际交往能力、对负面现象的抵抗能力等要求会更高，但是锻炼的机会也会更多。

中西合璧的国际学校

考虑到年龄和各种客观条件的限制，国际学校以及重点公立中学的国际部，近年来已经成为越来越多中国家庭的选择，也成为很多孩子接触国际教育的重要途径。

中国大陆地区的国际学校这几年如雨后春笋般遍地开花，所提供的国际课程体系也很全面，除了三流的 AP、IB、A-Level 课程，还有加拿大高中课程，如加拿大安大略省高中文凭 OSSD（Ontario Secondary School Diploma）课程，以及澳大利亚高中课程，如澳大利亚维多利亚州的证书教育 VCE（Victoria Certificate of Education）等。这些课程基本覆盖了世界上大多数英语留学国家，有着不同的特色和要求。这些课程在专注基础知识的同时，还会在语言、科学、艺术、生物、实践等方面对学生进行系统培养，让学生形成更全面的世界观，提升学生独立思考和综合分析的能力。

对于部分家长而言，国际学校更像是一种折中的选择。这个选择的背后主要有两个目的：第一，家长希望孩子在自己熟悉的环境里学习国际课程，以循序渐进的方式接触国际教育，从而避免因各方面差异过大造成的不适应；第二，孩子年龄不大，担心难以适应海外中学的生活和学习环境，选择在国内读国际学校也会让孩子和父母都感受到几分踏实和宽慰。

总的来说，国际学校给未来想要出国读书的学生提供了一个平稳过渡。因此，如果家长在为孩子择校的时候找到了比较理想的国际学校，而且不论孩子还是家长都对这个学校的教育理念和实践比较认同，这确实是一个不错的选择。

基础扎实的国内普高

在国内普高就读高中的优势非常明显，那就是学校对学生成绩的要求更加严格，学生的基础教育也相对扎实。特别是国内普高对于数学的重视，会使学生拥有很扎实的数学基础，从而为未来申请很多热门专业增添宝贵的筹码。

前几年因为疫情的缘故，国际交流受到一定影响，但却并没有阻止中外教育合作的趋势。一方面，国际教育在国内的普及度不断提升；另一方面，接受国内高考成绩的海外院校也在不断增多。

到目前为止，美国有多所大学接受中国学生用高考成绩申请本科，其中不乏纽约大学、布朗大学、伊利诺伊理工大学等知名院校。英国也有 40 余所大学认可高考成绩，其中包括剑桥大学、南安普顿大学、格拉斯哥大学、伯明翰大学、利兹大学等世界百强院校。澳大利亚也有不少大学认可高考成绩，其中包括"八校联盟"中的 7 所（墨尔本大学除外）。加拿大则是所有大学都接受高考成绩。欧洲和亚洲的绝大部分高校也都接受中国高考成绩，部分国家甚至将高考成绩作为接受中国留学生申请的前提条件之一。

由此可见，在国内普高就读高中、参加高考，未来依然有机会出国留学，而且普高学费相对低廉。唯一需要注意的是，这个赛道里的学生较多，而且你的学习适应期可能会推迟到大学本科阶段。

综合来看，这三类中学各有优势、各具特色。想要出国读本科，不论是就读海外高中、国际学校或国际部，还是国内普通高中，都不会成为制约个人发展的限制条件。最重要的是，家长要对孩子的综合实力以及申请预期有一个基本的判断，从而做出最合适的选择。

30 有本科留学计划的学生，可以提前做哪些准备？

随着国际教育理念的普及，留学早规划、早准备已经深入人心。经常有家长问：孩子是小学五年级、六年级的学生，已经确定了未来本科阶段出国留学，可以提前做哪些准备？

可选择的两种规划路径

如果孩子确定未来本科阶段出国，可以选择两种不同的升学规划路径。

一条路径是在小学和初中读完公办学校后，初升高转轨进入过渡较为平缓的公立学校的国际部。这条路径适合学习能力相对较强、在小初阶段享受优质公立校资源且不拒绝内卷的家庭。这条路径相对稳妥，也是性价比之选。

此规划中，家长和孩子需全面了解公立学校国际部的录取要求。首先，孩子的零模、一模和中考成绩及区排是最关键的因素；其次，托福或雅思标准化考试成绩也很重要，建议托福可以达到 90 分以上，或雅思达到 6.5 分以上。此外，孩子的综合素质，如活动、特色、优势等，会成为面试和加试中学校主要考虑的因素。

另一条路径是小学或初中阶段进入国际学校就读。一旦选择进入国际学校，再想回到国内公立教育的成本很高，难度也很大。所以，选择这条路线的家庭一般都是在对国际教育有更深的了解后，经过利弊权衡，坚定选择更适合自己孩子的国际教育路线。此规划中，需提前确定孩子转入国际学校的时间点，准备国际学校入学考试及面试。

两条路径如何早准备

对于目标是高中阶段就读公立学校国际部的家庭，当下首先要培养孩子良好的学习习惯和保持各个科目的良好成绩。好的学习习惯、较强的学习自驱力和时间管理能力，是孩子培养过程中最值得关注的几个方面，也是成长中永恒的课题。同时，要尽早地准备语言学习、提升英语水平，争取在小学高年级阶段达到 TOEFL Junior 考试或剑桥五级 KET/PET 考试的水平；初中阶段逐步进入托福或雅思标准化考试的学习，最晚初二暑假托福或雅思的标准化考试的分数，要达到公立学校国际部的入学要求。初三阶段预留出充足的时间，准备零模、一模和中考。

此外，选择这条路线，还要关注孩子的全面发展及特色培养，提前探知孩子的兴趣点和优势学科，帮助孩子做专业方向的探讨。

目前，优质公立学校国际部的办学理念及录取标准已与国外大学的全人教育的理念趋于一致，更强调证据链，强调孩子的综合发展，学生在校成绩所体现的学习力、标准化考试所代表的学术力、学生的综合软实力，三者环环相扣。国际教育鼓励所有的学生去追求独特的自我，找到属于他们自己的梦想并赋予他们追梦的能力。

对于目标是未来转轨国际学校的家庭，当下首先要做好家庭决策：孩子在什么年级或什么阶段转轨进入国际学校？这个决策与考试的准备息息相关。

假如选择小初阶段转轨进入国际学校，需要参加MAP或CAT4等国际学校入学考试和面试；假如选择高中阶段转轨进入国际学校，根据学校不同，会有一些入学测试要求上的差异，比如北京鼎石国际学校要求学生参加SSAT考试。

上面所说的MAP考试、CAT4考试、SSAT考试均为学术考试，除了测试学生的英语水平外，还会增加对文学、数学、科学等综合能力的测试。孩子需要全面提升语言能力、学科能力，以及运用英文学习学科知识的能力。由于孩子英语水平的差异，我们需要至少预留1~1.5年的时间进行学习和准备。

同时，家长还要关注孩子综合素质和软实力的培养，特别是孩子在面试中的表现，会作为国际学校入学考试中重要的环节加以考核。因此，语言能力、表达力、思维能力，甚至待人接物的能力都是十分重要的。

　　总的来说，早规划、早准备对于未来准备走国际教育路线的家庭来说，是孩子成长和塑造的过程，是丰富生命的过程，也是一种全新的体验。

综合排名 VS 专业排名，哪种更值得参考？

在各大社交平台上，经常能看到很多学生和家长问"什么排名最权威 / 最值得参考？""世界 TOP 200 之后的大学还值得去吗？""TOP 30 和 TOP50 的学校差距大吗？"等诸如此类的问题。学校的排名仿佛超越了排名本身，已经牵涉到了个人尊严和家庭荣耀。那么，到底哪些排名值得关注？综合排名和专业排名，究竟哪种更值得参考呢？

大学排名的前世今生

首先要向大家阐明的是，没有哪个排名代表世界各国政府或国家立场，也没有所谓"最权威的排名"一说。我们常见的大学排名都来源于媒体、杂志或第三方机构，如美国的《美国新闻与世界报道》（*U. S. News*）杂志、英国的高等教育咨询公司 QS、《泰晤士高等教育》杂志、加拿大的《麦考林》杂志、中国的上海软科公司等。只是经过多年的沉淀和大众的综合比较，最终形成了如今备受认可的四大世界大学排名榜单：QS 世界大学排名、U. S. News 世界大学排名、泰晤士高等教育世界大学排名和上海软科世界大学学术排名。

这四大榜单评判的侧重点各有不同，也直接导致了即便是同一所大学，在不同榜单上的位置有时也会大相径庭。例如，美国圣路易斯华盛顿大学在 2023 年 U.S News 世界大学排名中位居第 32，而在 2023 年 QS 世界大学排名中，却排在百名开外，位列第 118。

专业排名亦是如此。根据 QS 世界大学学科排名标准，它对大学专业的评估由五部分组成，分别是学术声誉、雇主声誉、篇均论文引用率、H 指数（大学已出版论文的数量和质量）以及国际研究网络（即专业所在高校的国际影响力）。由于不同学科在论文发表上存在差异，因此每个学科的指标权重也不能一概而论。例如，在论文发表频率很高的医学领域，论文引用相关的权重占比在 25% 左右；对于历史等论文发表频次较低的学科，论文相关指标占比仅有 15% 左右。此外，对于艺术和设计等实践性非常强的学科而言，考评论文的意义并不大，因此雇主和学术声誉的调查结果则成为重点。

可见，排名更多的是对部分特点的重点展示，并不能完整反映一所大学或者一个专业的全貌。那么就需要我们在选择适合自己的院校和专业时，先读懂排名的评分标准，再根据实际情况去做判断。

关注排名，但更需明确自身需求

美国的高校大致可以分成综合性大学和文理学院。不少美国中产阶级家庭的孩子很喜欢读文理学院，这些学院一般实行小班上课制度，学生得到的照顾和关注比较多。

虽然这些学校知名度偏低，但教育资源比较丰富，对孩子从高中毕业到走向社会能提供一个很好的过渡。而一些知名综合性大学，有名的教授确实多，可他们要带自己的硕士生和博士生，会将更多的精力投入到科研中，本科学生往往没有太多机会和这些知名教授接触。

此外，美国高校在本科阶段大多实行通识教育，不过分关注对学生专业技能的培养，因此学校的综合排名具有一定参考意义；而到了研究生阶段，学校的学科排名就显得尤为重要，因为很多高校的综合排名可能没有那么理想，但却可能在某一领域出类拔萃。所谓"学士看综合，硕士看专业，博士看导师"的说法，也并非完全没有道理。

例如，位于"赌城"拉斯维加斯的内华达大学拉斯维加斯分校在美国本土学校排名中，历年来都位列200名开外，但其酒店管理专业极为出色。依托于地理位置的独特优势，学校开设了和酒店管理相关的各种实践课，例如烹饪、红酒、高尔夫等，并且还会为留学生提供校外实习的机会，帮助他们积累丰富的职场经验。

近几年一直在 QS 世界大学排名中位列百名开外的阿德莱德大学，地处享有澳大利亚"鱼米之乡"之称的南澳，其怀特校区集中了 15 所世界级研究组织，从事植物、农业、食品、葡萄园和自然资源科学的研究和开发。阿德莱德大学的葡萄酒栽培与酿造专业位居世界第二，实力强劲。该校与澳大利亚葡萄酒研究所共建共享，学生就读期间就能使用全球领先的酿酒科学实验室，毕业后还有机会留在研究所里工作，成为极具竞争力的专业人才。

对于中国学生来说，在选校过程中，还有一个不可忽视的影响因素，那就是地理位置。例如，美国的波士顿大学，虽然这所高校在 2023 U.S. News 全美排名中位列第 41 名，但因其位于查尔斯河畔，与哈佛大学和麻省理工学院隔河相望，地理位置极为优越，受到了很多学生的欢迎。

可见，学校排名确实具有一定的参考价值，但不一定是选校最终的决定性因素。排名可以帮助我们建立对学校的认知、对专业的了解，但终究还是要以自身的实际情况和兴趣爱好为出发点进行选择。相信只有契合了自身志向所在，留学生活才能更有收获，也会获得更持久的发展动力。

32 海外留学有哪些热门高薪专业？

选择一个好行业，对个人未来发展的重要性不言而喻。随着越来越多的学生选择走出国门、留学深造，毕业后获得一份高薪工作是许多留学生的重要目标之一。那么，哪些专业能够为他们带来丰厚的薪资回报呢？

人工智能（AI）专业

随着技术的飞速发展，人工智能（AI）专业成为当下最热门的专业之一。与 AI 相关的职业需求，近几年多得超乎想象。特别是 ChatGPT 的出现，让 AI 技术的应用产生了前所未有的变革。AI 领域研究的主要是使机器能够胜任一些通常需要人类智能才能完成的复杂工作，属于计算机科学的一个分支，该领域的研究包括机器人、语言识别、图像识别、自然语言处理和专家系统等。AI 是一门极富挑战性的学科，涉及计算机学、数学、神经学、图像学、语言学、信号学、自动化、逻辑学、博弈学、心理学等相关领域的知识。

AI 专业的毕业生在科技、金融、医疗等领域都有广泛的就业机会，薪资普遍较高。根据美国薪酬统计网站 Payscale 的官网数据，在美国，AI 相关行业起薪可以达到每年 81,000 美元；而英国的 AI 相关工作年薪超过 50,000 欧元。如今，许多海外高校都开设了 AI 专业，为学生提供深入学习和研究的机会，比较有代表性的高校包括卡内基梅隆大学、麻省理工学院、斯坦福大学等。

工程专业

工程学是一门应用性极强的学科，其涉及的领域十分广泛，包括机械工程、化学工程、土木工程、电子工程等。该专业毕业生具备扎实的数学、物理和工程理论知识，以及实验技能和创新能力，这些技能在许多行业的雇主中都备受青睐。

毕业后，工程专业的毕业生可以选择从事多种类型的工作，如航空航天工程师、石油工程师、生物医学工程师等。这些职业领域不仅薪资较高，而且发展前景十分广阔。

根据美国劳工统计局的数据，工程师的薪资水平因专业领域和工作经验的不同而有所差异。一般来说，工程师的中位年薪在 85,000 美元至 160,000 美元不等。其中，航空航天工程师、核能工程师和计算机硬件工程师的薪资水平相对较高。在英国，化学工程专业的毕业生平均起薪达到每年

30,000 英镑。随着经验的积累，担任高级职位的化学工程人员可以赚取 80,000 英镑的年薪。

环境科学专业

在"碳中和"政策背景下，国家对气候变化、污染控制、环境可持续性等议题的关注达到了前所未有的高度。伴随着经济结构的优化和调整，生态产业获得了迅猛的发展，众多企业纷纷加强了对生态环境保护的重视。在这种大环境下，学习环境科学专业的学子在求职市场上具备了较强的竞争力，发展空间十分广阔。

具体而言，环境科学专业的学子在求职市场上的起薪约为每年 50,000 美元，而平均年薪则可以达到 60,000 美元。这一薪资待遇水平不仅反映了市场对环境科学专业人才的需求和认可，也反映出该领域对于高素质人才的吸引力。

作为环境科学领域的从业者，环境工程师在环境治理方面发挥着不可或缺的作用。他们运用工程学的原理来解决各类环境问题，包括但不限于回收、垃圾处理、公共卫生和空气污染等。除此之外，他们还致力于解决一些全球性的环境问题，如气候变化、环境可持续性和污染控制技术等。对于那些对环境保护和可持续发展充满热情的学子来说，选择环境科学专业将是一个明智的选择。

医疗健康相关专业

近几年，全球疫情的蔓延不仅对大众的身心健康带来了巨大影响，还暴露出全球医疗资源的不均衡和短缺问题。无论是一线的医护人员、医疗科研人员，还是药品和疫苗的研发人员，都面临巨大的挑战和压力。随着人们对健康问题的日益关注，以及"互联网＋"技术在医疗健康领域的广泛应用，医疗健康产业对专业人才的需求呈现出不断增长的趋势。

此外，随着中国人口老龄化问题的加剧，针对老年人的医疗健康服务和相关行业也呈现出巨大的发展潜力。医疗健康产业不仅包括传统的医疗服务，还包括健康管理、生物技术、医疗器械等多个领域，这些都为医疗健康专业人才提供了广阔的发展空间。

在美国，医疗专业人员的薪资普遍较高，根据美国劳工统计局的数据，其中位年薪约为 208,000 美元。而生化健康专业作为医疗健康领域的新兴方向，其起薪每年可达到50,000 美元。

在英国，外科医生、神经科医生、麻醉师等医疗专业人员的薪资水平也普遍较高，起薪约 33,500 英镑／年，随着工作经验的增长，薪资会逐年增加，许多医疗专业人员在退休前能达到六位数的薪资水平，真是越老越吃香。

作为首个将中医药行业立法并编入国家医疗健康执业监

管系统的西方国家，澳大利亚对中医药行业给予了高度关注和政策支持。在澳大利亚担任一名中医师的收入非常理想，平均年薪约 58,000 至 89,000 澳元不等，市场需求非常大。

医疗健康产业在全球范围内呈现出蓬勃发展的趋势，对专业人才的需求不断增长。无论是国内还是国外，医疗健康专业人才都有着广阔的发展前景和机会。

金融专业

作为中国学生钟情的申请方向，金融专业的毕业生毫无疑问能收获丰厚的薪资回报。在美国，金融专业人士的起薪和平均薪资都相对较高。根据美国劳工统计局的数据，金融专业人士的年薪中位数在 70,000 美元至 120,000 美元不等（金融分析师和投资银行家方向），这一薪资范围涵盖了金融行业的不同职位和经验水平。

作为金融领域中的一个分支，精算证券专业专注于风险评估、统计学、投资组合管理以及金融市场运作等方面的知识，拥有较为广泛的就业前景，并为毕业生提供了较高的起薪和平均薪资，起薪即可达到每年 60,000 美元，平均薪资超过每年 102,000 美元。

金融专业的毕业生通常具备扎实的金融理论基础和较强的分析能力，能够为企业或机构提供专业的金融分析和投资建议。随着全球市场的不断发展和创新，对金融专业人才的需求也在持续增长。

以上这些行业虽然是当下比较值得关注的行业，但留学生在做职业规划的时候，还是要结合自身情况，挖掘自身特点及兴趣方向进行综合考虑。所谓"热门行业""高薪专业"不一定适合每一个人。

从长远来看，遵循内心，打开视野，提前开始了解各行各业，找到适合自己的方向，才是我们在职场上持续精进并有所作为的关键因素。正所谓，三百六十行，行行出状元。

33 选大学专业是忠于内心，还是追逐热门？

大学专业如何选，一直都是中国家庭非常关注的热点话题。大部分家长都希望孩子选择热门专业，毕业后从事一份稳定且高薪的职业，但也有越来越多的学生将兴趣和热爱作为专业选择的重要考量因素。那么到底应该选择当下的热门专业，还是内心喜欢的专业？

如何选专业才不会后悔？

不少家长或学生在选择专业时，会有意无意地随大流，甚至盲目认为自己会喜欢某个专业，这也导致后期很多学生因为缺乏学习动力，很难坚持下去，勉强毕业后也会消失在就业大军的茫茫人海中，完全不具备行业竞争力。

在选专业这个问题上，其实是有一些方法可以参照的，至少能帮助孩子们少走一些弯路。

首先，要找到自己感兴趣的领域。如果同学们能够对所学专业抱有热情，不只是为了应对考试或找工作，在平时的学习中就会心甘情愿多投入一些时间和精力，日积月累，未来的发展也会具备更强的持久力和爆发力。

其次，要深度了解相关专业的内容以及未来可能从事的职业。有些专业仅仅凭字面意思去理解其实并不准确，比如你对计算机很感兴趣，于是选择了信息与计算科学专业，但其实这个专业是属于数学学科的，与计算机学科有很大差别。这样的选择也会导致你在学习和未来的就业中十分艰难。同时，也有一些学子直到踏入社会后才知道自己并不喜欢所学领域，与专业对口的职业岗位与自己所设想的相差甚远，但此时想要换个方向却是难上加难。

还有一点需要特别注意，那就是专业申请的难度。有些专业对于国际学生来说很难申请，原因多种多样：有的是因为语言要求很高，比如新闻、哲学；有的是因为准入门槛高，比如临床医学；有的是因为竞争激烈，比如法律；也有一些是因为涉及机密，像军工类专业。在选择专业时，我们也要把这方面因素考虑进去。

此外，拒绝盲从、保持理性思考也十分重要。热门专业未必适合所有人，不能盲目跟风。要了解该专业的内容和方向，并结合目前市场需求的变化趋势和该行业未来的发展前景，以及自身的兴趣和优势进行综合判断。专业选择是人生中重要的决定，需要谨慎、理智地对待，对自己负责，也是对自己的承诺负责。

世界上其他国家的孩子们是如何选专业的？

很多学生和家长都比较好奇，国外的教育体制下，学生选专业也是个难题吗？其实每个国家的情况也不尽相同。

在美国，学生在高中时就会接触到一些大学课程，真实体验大学里所学的知识，初步了解自己的未来规划是否与所学内容相匹配。进入大学后，他们将接受通识教育课与多种选修课相结合的课程安排。学校以此为学生提供自主选择的机会，帮助他们扩大涉猎范围。学有余力的学生还可以选择多个专业进行学习，因为兴趣变化或者不擅长而转到其他专业的情况屡见不鲜。

在英国，学生对专业的选择与规划就发生在中学时代。根据英国的中学课程体系，学生们所学习的 A-Level 课程就需要他们根据日后想要继续学习或从事的领域来选择所学科目，并在申请大学时使用这些学科的成绩。这需要学生更早地考虑自身兴趣和学习优势，找到兴趣爱好、专业能力以及市场需求相契合的职业发展路径。

在国际学生评估项目 PISA 测评中表现优异的芬兰以"自由"著称。在芬兰名校罗素高中，所有的课程都进行了模块化管理，不设置固定的班级、课程甚至年级，学生的课程表完全按照自己的兴趣来决定，这为学生们提供了发现兴趣、培养兴趣的机会，日后的专业选择也有了更多参考。

日本的教育体系与我国近似，但日本的高中除了基础科目外，还会开设一部分选修课程，这也能帮助学生在更大范围内发现自己的潜力与长处，日后选择适合自己的专业。

由此可见，在专业选择上，国外的学生们其实也会面临着类似的问题，只是教育体制的不同使得有些国家的学生能够在更早的阶段就有更多的机会去了解各个专业，以及这个专业所在领域的就业实际情况，从而做出适合自己的选择。

34 国外硕士、博士分别要读几年？

在这个快节奏的时代，时间成本成为大多数人做决定前会衡量的一个重要因素。而对于有出国读研打算的高校学生群体来说，这种顾虑则往往具体化为一个问题：在国外，研究生要读几年才能毕业？国外的研究生学位同样包括硕士学位和博士学位，就读时间长短主要取决于学生所申请的研究生项目的性质。

高性价比的短学制硕士

通常来说，国内的硕士研究生分为专硕（学制 2 年）和学硕（学制 3 年），而国外的硕士根据性质主要分为授课型硕士和研究型硕士两大类。

授课型硕士课程以教学为主，学习过程中不涉及过多的研究项目或者课题，课程安排多以就业为导向，侧重于实用性强的专业教学。此类硕士项目在时间上有不小的优势，比如采用英联邦教育体制的英国、新加坡和中国香港地区，授课型硕士的学习时长一般在 1~1.5 年，澳大利亚、新西兰为 1~2 年。学习时间虽然短了，学业节奏也更快了。

研究型硕士课程更加重视"研究"二字，如果你想顺利毕业，就需要进行大量的实验或课题研究。也因此，毕业所需的学习年限较长，学制大多为 2~3 年，大部分选择就读研究型硕士的学生都会继续攻读更高级别的博士学位。

除了优质的教育，留学性价比也是近年来大家关注的问题，其中很关键的一点就是留学就读时长。不少学子出于尽快毕业求职的考虑，会倾向于申请 1~2 年学制的硕士项目。

灵活多样的博士学制

在国外，博士学位的就读时间长短也取决于多种因素，如院校、专业、导师、是否受资助等，与其他学历相比，在学习时间上更具灵活性。一般来说，从研究和数据收集开始，再延伸至论文撰写，完成海外博士学位需要 3~7 年。

以美国为例，通常攻读博士的时间为 5~7 年。在就读的前两年里，学生需要修满规定的学分。可选的课程多数为学术性较强的研究型课程，同时一些基础学科博士项目还会提供实验室轮转（rotation）的机会。第二年结束时，通过博士入读考试（qualifying exam）和博士论文开题报告后，便可以进入相应的课题组或者实验室，进行研究工作及论文撰写。

对比发现，有一些国家和地区的博士项目读下来相当省时，并且教育资源和教育质量也并没有打折扣。例如，爱丁堡大学、伦敦大学学院等不少英国知名院校的博士项目延续了英国教育体系短平快的节奏，学制时长为 3 年；澳大利亚和新西兰的全日制博士学习周期至少为 3 年；中国香港的一些大学也支持博士 3 年毕业；韩国的博士学制更短，多为 2~3 年制，前两年授课，学生在最后一年进行论文写作。

此外，除了部分本身学制较短的博士项目外，对于时间比较长的博士项目，如果你对项目要研究的问题有非常清晰的概念，并且做了充足的准备，那么在第三年左右拿到博士学位也是有可能的。不过，这种"急于求成"的情况并不多见，需要提前与教授、学校进行充分的沟通。

综上，无论是在国外攻读硕士学位或博士学位，都需要付出一定的时间来积淀和提升自我。这个过程需要依靠强大的内心动力作为支撑，才能坚持下去并有所收获。所以，在选择未来的专业领域和研究方向时，务必要综合考虑个人的兴趣与爱好，少一些背后的功利主义。如果你想有更长、更从容的学习过程，你也可以去尝试申请延长学习时间，对自己的研究课题进行更加深入和充分的探索。

海外高校的"专硕"与"学硕"应该怎么选？

每当国内考研季来临，"专硕"和"学硕"的相关话题热度也随之升温。然而，关于学位类别的区分一直让很多学生和家长感到疑惑，尤其是打算到海外留学的学生，更是会被各式各样的硕士学位名称所困扰。那么，海外硕士的类型该如何区分？选择哪种类型的硕士比较合适呢？

授课型硕士 VS 研究型硕士

类似于国内的"专硕"和"学硕"，多数海外国家也会将硕士的教育方向分为两大类，即以应用、就业为导向，或以学术研究为教学方向，比较有代表性的就是英国的授课型硕士（Taught Degree）和研究型硕士（Research Degree）。

授课型硕士为一年制，学生可以在较短时间内获得学位证书然后参加工作。在这一年里，课程安排紧凑又集中，主要通过课堂讲授、讲座、研讨会等方式来进行学习。比较常见的授课型硕士学位有文学硕士（MA）、理学硕士（MSc）、教育学硕士（MEd）、法学硕士（LLM）、工商管理硕士（MBA）等，学位的名称就基本代表了学生未来的就业领域。研究型硕士则以研究课题为主，学制为 1~2 年，学生在就读期间几乎不会涉及上课环节，主要是在导师的指导下进行自己的科研项目，从而为未来攻读博士学位打下基础。因此，在博士项目的录取上，校方通常会优先考虑研究型硕士的学生。

授课型硕士和研究型硕士该如何选择？

就英国的硕士来说，申请授课型硕士可以为学生节约不少时间成本。相对于其他欧美发达国家普遍 2~3 年制的硕士课程来说，一年制的英国硕士可以说是很有吸引力了。学制短也让学生在一定程度上降低了经济成本，留学性价比较高。

除此之外，授课型硕士还有一大优势，即包括金融、管理、传媒、理工等热门学科及专业大多能接受转专业申请，学生在未来方向的选择上更加多样化。

再来说研究型硕士，大多数的英国研究型硕士申请方式与申请博士类似，除了提交常规的申请材料之外，还需要提交一份研究计划，来描述自己过去的研究经验、对具体某项研究的兴趣，以及在硕士期间最想要跟随的教授。如果你是一个经常出入实验室、有着学术理想的学生，那么研究型硕士会是一个非常合适的升学通道。

世界上形色各异的硕士学位称呼

纵观全球，不同国家的硕士项目在学制、课程体系、名称上虽各不相同，但大多都会分为学术和职业两个方向。例如，美国硕士大体上可以分为学术硕士学位和职业硕士学位两类，前者以学术研究为导向，后者则重视职业实践和应用。

不过，也有小部分国家的硕士课程会依据本国的教育体系而定，并没有明确的硕士学位称呼。像是德国的大学就没有明显的硕士学位划分，但它们对于硕士课程的类别区分从院校就开始了，公立综合型大学提供的硕士课程侧重于讲授理论，而应用技术型大学则更偏重实践。这两类大学都不会让学生在硕士阶段参与过多的科研内容，因为在德国的教育体系里，高校普遍认为本科和硕士都是打基础的阶段，只有到了博士阶段，学生才有足够的知识储备进行真正的科研。

更有意思的是，日本所谓的"研究生"并非传统意义上的硕士，而是大学、大学院的旁听生，相当于读硕士前的预科。"修士"才是日本真正意义上的硕士，主要以研究型为主，开设的专业覆盖文、理、工、商、医等大部分专业类别。

海外高校开设的硕士课程种类多样，专业方向也非常丰富，对于想去海外攻读硕士的学生来说，在选择之前，一定要先明确自己深造的目的，是以就业为导向还是以学术研究为目标。只有明晰内心所向，才能做出适合自己的选择。

36 硕士留学时间短，等于学位"水"吗？

由于留学时间相对较短，有些人认为很多国外一年制的硕士学位含金量并不高，学生们充其量是前往海外镀了一层金，回国就业缺少真才实学。那么，留学时间短真的等于学位"水"吗？

被误解的海外硕士

首先要说明的是，海外硕士并非都是大家所普遍讨论的一年制。大部分国家会按照学制长短及教学方式的不同分为两大类别。

以英国划分的授课型硕士和研究型硕士为例，授课型硕士的学制为 1 年，通常以就业为导向，学习过程中不涉及过多的研究项目或课题，课程多为实用性的专业教学；研究型硕士则通常是 1~2 年，课程以研究为主，要求学习者有一个具体的兴趣方向或者研究方向，常常被视为修读博士课程的一部分。

和英国硕士相似的，还有承袭英联邦教育体制的澳大利亚、新西兰、新加坡、中国香港地区等，这些国家或地区的硕士学位之所以常常被误解，是因为大多数学生倾向于选择时间偏短一些的授课型硕士。

究其原因，一方面是出于节约时间与经济成本的考虑，很多学生希望能够在毕业后比同龄人更早步入职场，积累工作经验。授课型硕士还能让学生有更多机会沉浸式地体验校园文化以及和各国同学交流。另一方面则主要是因为"短短一年"的硕士项目也的的确确有"两把刷子"。

用实力说话的一年制硕士

硕士学制短，意味着时间紧、任务重，误程设置上可谓是满满当当，非常紧凑。教学课程、实践活动、研讨会、导师课……多种教学模式轮番上阵。

尤其是素来以学术严谨著称、排名靠前的一些大学，学生想要在学期内获得学分，顺利毕业，那就必须要扎扎实实学好专业课知识，花费大量的时间深度钻研，才能在层层考核中顺利过关，并在毕业时获得一份拿得出手的成绩。

一年制硕士的毕业生们也常常被当地政府纳入"国际人才引进"之列。在英国，硕士生可以在毕业后申请为期两年的毕业生签证，作为留在当地工作的过渡；右新西兰就读较高级别硕士项目的学生，在读期间可以全职在新西兰工作，配偶也能办理配偶类工作签证，其子女可以申请受抚养子女学生签证，免费入读新西兰的公立中小学。

在国内，一年制硕士学位也毋庸置疑地得到了官方认证，毕业生享有中国大陆各地所出台的相关人才福利政策。

以大城市落户为例，在上海人社局所认定的世界前 50 的院校名单中（包括牛津大学、剑桥大学、爱丁堡大学、伦敦大学学院、香港大学等），毕业生没有社保缴纳基数和缴纳时间要求，全职在上海工作后就可以直接落户；毕业于世界 51~100 的院校（如南安普顿大学、西澳大学、蒙纳士大学等），全职在上海工作并缴纳社保满 6 个月后可申办落户。可见，无论从自身硬件条件，还是权威认可度上，一年制硕士的教育含金量都在用实力说话。

不容小觑的申请难度

优质院校的一年制硕士因具备高教育水平、高含金量，其申请并非轻而易举。招生院系通常非常看重学生的本科院校背景，在英国伦敦大学学院更新的 2023 秋季入学申请中国大学认可名单中，只保留了排名靠前的 84 所中国院校。

此外，海外高校还会看重学生的在校 GPA 等其他硬性条件。例如，澳大利亚悉尼大学的硕士申请，一般要求 985、211 院校 GPA 75% 以上的成绩，墨尔本大学更是要求达到 85%。

除此之外，院校还会着重考量学生的综合能力。学生在申请时需要根据自身经历，向学校提供包括实习、实践经历和作品等在内的个人陈述性材料，来增加自己的录取成功率。

随着近年来选择留学道路的中国学生数量逐渐增多，一年制硕士的申请难度和竞争压力不可小觑，同学们需要花费足够的时间和精力去做好准备，做到软硬实力两手抓。

不论是领略世界高等学府的悠久学术历史，还是体验全球领先研究成果背后的先进实验设施，有先进的教育体制和雄厚的教育基础作为支撑，硕士学制短绝不能同"水"画等号。

相反，英国、澳大利亚、新西兰等地的一年制硕士项目还具有高性价比和高含金量等突出优势，吸引着越来越多来自世界各地的学子前往深造。

国内专科学历，如何出国直接读硕士？

近年来，随着高校毕业生人数的不断增长，用人单位对应聘者的学历要求也水涨船高。对于很多专科毕业生来说，想在国内提升学历，大多会选择走专升本路线，但随着报考人数的逐年增加，竞争也愈发激烈。

在这样的大环境下，一些学生开始考虑通过出国留学来寻找合适的提升学历的途径，比如走"专升硕"路线。一方面可以弥补自己学历上的不足，另一方面，也能趁此机会出去走走看看。那么，国内专科学生如何申请海外高校的硕士项目呢？

多样升学通道，打破学历天花板

专科生申请海外硕士，一般有两种方式。其一，是先专升本，再申请就读硕士课程。例如，英国的部分高校会面向三年制大专或本科无学位的学生提供 TOP–UP 之类的课程。学生可以凭借优异的成绩和符合要求的语言成绩进行申请，插读英国本科的最后一年课程，通过后就可以拿到本科学位了。如果还有继续深造的意愿，学生可以再进行硕士申请。

先把本科的课程补齐，获得本科学历，迸而再选择是否继续深造，一步一个脚印，把自己的学术之路踩稳踏实。这对很多希望能弥补本科学历的学生来说，可以说是个不错的选择。

其二，通过硕士预科课程后，直接就读正式的硕士学位课程。这种方式也比较常见，目前主流留学国家中的很多院校都倾向于让专科学生通过这种方式来进行申青和就读。

例如，澳大利亚和新西兰的大部分院校，就采用"预科 + 硕士课程"的培养模式。这些高校开设预科课程主要是为了帮助学生进一步提高语言水平，适应海外的学习和生活，使他们能够更好地适应硕士课程的难度和节奏。学生通过了预科课程后，能够有效衔接硕士课程，进而获得研究生学历。

当然，也有一些高校的硕士项目会允许专科生直接申请，不过此类项目非常少，会对申请学生过去的专业课程，以及工作经验有不少的限制和要求。

放眼世界，在很多国家的教育体制里，除了高中、本科和研究生学历以外，还有一些其他的学历等级。例如，在澳大利亚的学历等级框架（Australian Qualifications Framework）下，在高中和本科之间的学历等级中，就有 Certificate 和 Diploma；在本科和研究生之间，则还有 Graduate Certificate 和 Graduate Diploma 这两种学历证书。只不过在我们国家没有相应的学历等级，因而无法得到认证。但只要你有心深造，各个国家的院校都会为不同学历背景的学生开通升学通道，不论是来自本国的学生还是他国学生，都可以通过相应的项目来满足对学历提升的需求，专科生也有通往高学历的多样选择。

国外专升硕，实现短期弯道超车

按照国内现行的教育政策，不论学生是想要先专升本再升硕，还是直接通过考研升读硕士，都需要至少 4~5 年的时间才能完成专科到硕士的华丽转身。而国外高校的专升硕项目大多时间较短，学习能力比较出众的学生甚至可以用不到 2 年的时间就完成硕士课程的学习，大大减少了时间成本。

此外，在国外留学的这几年时间，不但能享受到高水平的教育质量，还能不断拓宽自己的眼界，看到不一样的世界，无论是语言能力还是学习能力都能得到一定的锻炼。这些优势也能让国内的大专生们在学成回国之后，凭借海外的学历和经历，尤其是这股不断学习和探索的精神，获得更好的职业发展机会。

近年来，受大环境和国际形势的影响，国内外的就业形势都不太好，但留学生们依然深受企业的欢迎。根据智联招聘发布的《2022 中国海归就业调查报告》，海归优先职位的平均招聘薪酬连续三年走高，2022 年达 14,680 元／月，比 2021 年的 13,719 元／月增长 7%，比 2020 年的 12,592 元／月增长 17%。可以说，海归回国就业不论是在薪资还是职业发展上，都具有相当强的竞争力。

在这个"学历内卷"的时代，关于人的学历和眼界问题一直被不断地提及。专升硕看似只是学历的提升，但更是一份成绩、一种证明、一段经历。更重要的是，在提升学历的过程中，学生们付出了努力与坚持，收获了知识，眼界得以拓宽，生命得到丰富。这些都会成为他们未来发展的铺垫，帮助他们走向更广阔的世界。

38 去海外读博士居然有这么多福利，你知道多少？

随着学历优势日益凸显，以及持续升温的留学热，越来越多的学生选择去海外读博深造，美国、英国、加拿大等热门留学国家的博士申请量近两年呈现出增长态势。那么海外博士项目到底有何吸引力？出国读博有哪些隐形福利呢？

丰富完善的奖学金体系

出国读博的花费并不小，以英国留学为例，仅一年的博士学费和生活开销就高达 3.5 万英镑（约合人民币 30 万元）。为此，不少国家为博士生们提供了可观的奖学金支持，帮助学生缓解资金压力，以吸引世界各地的优秀人才。

国外的奖学金体系大致包含高校奖学金、政府奖学金和企业奖学金这三大类。高校奖学金是海外高校基于学生的优秀程度，提供给申请学生的一系列经济资助。例如，美国的理工科博士录取，几乎所有被录取的学生都会得到学校发放的涵盖学费、杂费、津贴以及健康保险等费用的奖学金或助学金。

　　政府奖学金，顾名思义，是各国政府为了鼓励优秀的国际人才来深造而设立的，比如法国外交部推出的埃菲尔奖学金，国际硕博生可收到每月 1400 欧元（约合人民币 1 万元）的资助。此外，企业和基金会赞助的奖学金也颇具吸引力，像美国著名的 IBM 公司设立的博士生奖学金，获奖者不仅可以获得一大笔奖金，还有机会去 IBM 实习。

　　这些种类繁多且丰富完善的奖学金体系，无疑为优秀学生出国读博深造提供了重要的经济支撑，也激励着更多学生坚守梦想，勇敢向世界一流院校大步迈进。

灵活便利的就业支持

　　在就业支持上，许多海外高校设有专门的就业服务中心（一般称为 Career Service 或 Career Center），通常可以提供包括简历修改、模拟面试、内推等在内的一系列就业指导与帮助，这给计划留在当地、积攒实践经验的博士毕业生带去了诸多便利。

　　此外，各地政府也出台了相应的政策支持。部分国家允许留学生完成学业后在当地实习或工作，满足相应条件可申请、转换工作签证。例如，英国颁发了毕业生工作签证——Graduate Route，允许博士生毕业之后继续在英国停留三年，让学生有充足的时间在当地积攒工作经验。

同样地，在新西兰就读的学生博士毕业后也可以直接获得三年的毕业工签，工作不受时长和工种的限制，享有与当地人求职同等的待遇。

如果留学生想要提升自身就业竞争力，在国内外就业市场中脱颖而出，务必把握这些灵活且便利的就业机会，多多积攒相关实践经验。这些经历将会成为人生路上的独特风景，也有助于明确自己未来的发展方向。

贴心的家属福利

除了以上提及的博士留学生资金、就业支持外，部分国家还贴心地准备了配套的家属福利政策，让学生们能够在家人的陪伴下专注于学业。

说到这里，就不得不提澳大利亚和新西兰。在这两个国家就读的博士留学生不仅在读期间没有工作时间上的限制，其配偶也可以获得与留学生同等时长的工作签证，在当地工作或陪读，就连子女也可享受当地免费或有一定学费减免的公立教育，真可谓"一人读书，全家受益"。

诸如此类的配套福利，很大程度上为博士个人和家庭的发展规划提供了理想的选择。

广阔的回国发展机遇

博士留学生不仅在海外享有特殊的政策福利，回国发展后，各地政府、各行业企事业单位更是给予了相当丰厚的待遇。

看一看国内的各大招聘平台，不难发现，不少热门的互联网企业、上市公司以及国企、高校等的招聘公告上，许多职位都明确标出"海外博士生优先"。在薪资方面，智联招聘发布的《2022 中国海归就业调查报告》显示，海归博士的平均薪资为 2.3 万元 / 月，高于海归硕士（1.6 万元 / 月）和海归本科（1.3 万元 / 月）。教育 / 培训、专业服务 / 咨询、生物医药等行业对海归博士有较高的需求。

另外，各地出台的人才引进政策也颇具吸引力。在落户方面，博士留学生拿到一线城市的户口相对更容易。例如，根据北京的积分落户政策，博士生可以凭借教育背景获取 37 分的学历加分，大大加速了落户的进程。如果留在部分新一线或二线城市发展，还能获得 1~3 年不等的租房和生活补贴，俨然是备受青睐的"香饽饽"。

总的来说，去海外读博所收获的不仅仅是学历的提升、知识的积累和眼界的开阔，还有卓越的竞争力，以及享受多方面的福利支持与偏爱。这何尝不是一种长远的投资呢？

39 出国读博士的学生，更热衷于去哪个国家？

近几年，选择出国读博的人越来越多，有些是出于兴趣，有些是因为职业发展的需要。从统计数据上看，美国成为中国学生博士申请的第一选择。2020届在美获得博士学位的国际生中，三分之一都是中国学生，人数几乎是排名第二的印度的3倍。那么，赴美读博究竟有什么吸引力？为什么这么多中国学生都想去美国读博士呢？

名校林立，高等教育出类拔萃

作为美国高等教育中最高级别的学位，美国大学培养的各领域博士为科技创新和经济发展提供了强有力的人才支撑。

美国拥有4000多所高等教育殿堂，每年的QS、U.S.News等世界大学排名TOP100中，随处可见美国院校的身影。美国的计算机科学、生物学、物理、化学、电子工程等众多热门理工科专业领跑世界，几乎霸占了世界大学各学科榜单前十，受到全球学子的追捧。

学校多，专业多，意味着可挑选的余地大。以数学专业为例，美国招收数学博士的学校约有100所，其中约50所整体水平都很不错，录取的博士数量也比其他国家要多。

不少美国知名高校的吸引力还来自其强大的创新能力，这些名校每年都能诞生许多惠及全人类的科研硕果，全球有超过 40% 的诺贝尔奖获得者来自美国。在诺贝尔奖得主最多的 30 所大学中，哈佛大学、哥伦比亚大学、芝加哥大学、普林斯顿大学等美国知名院校占据了一半以上的席位。

2022 年诺贝尔化学奖得主美国科学家卡尔·巴里·夏普莱斯，即 21 世纪第一位两届诺奖得主，就是在斯坦福大学获得的博士学位。此外，他还曾在斯坦福大学和哈佛大学从事博士后研究。

璞玉易琢，申请和授课方式灵活

在很多中国学生和家长的固有观念中，硕士学位是申请博士的敲门砖，其实不然。美国的博士学位并不对申请者的硕士学位做强制性要求，本科学位即可直接申请。斯坦福大学、宾夕法尼亚大学、密歇根大学安娜堡分校的工学院都明确表示过"硕士学位并非必须"。相比一纸学历，这些顶尖学府更注重学生的可塑性，倾向于培养出有着自己学校研究风格的博士生。丰富的教育资源和灵活的申请制度在很大程度上满足了不同层次学生的需要。

美国博士的大多数课程鼓励学生与所研究项目的教授合

作，在导师的指导下，你将有机会完成不少难得的研究成果。优秀的学生往往能够通过 5~6 年的完整科研经历，成为科研界的明日之星。

博士全奖，资金补给丰厚优渥

留学花费问题一直以来都是留学家庭关心的重点。正所谓"重赏之下，必有勇夫"，美国的博士项目凭借充足的科研资金和完善的奖学金制度，吸引了不少优秀学子争相"揭榜"。

美国大部分博士项目是不需要学生负担学费的，也就是会提供博士全额奖学金。学校会在发放录取的同时就把所有的奖学金数目和入读条件列举完整，方便学生了解。

博士奖学金每年约为 3~5 万美元（约合 22~35 万元人民币），通常分为非服务类奖学金和服务类奖学金两大类。非服务类奖学金一般来自学校、企业和其他机构的赞助，将依据学生的综合表现无偿发放；服务类奖学金则主要是在免学费的基础上，让学生通过担任研究助手（Research Assistant，简称 RA）和教学助手（Teaching Assistant，简称 TA）赚取生活补贴。补贴的金额不但能够负担学生日常租房、吃饭等基本消费支出，如果节省一点，甚至还能存下一笔钱。在获取学位的同时，不给家里造成经济负担，是很多普通家庭学生选择去美国读博士时重点考虑的因素。

由于对人才培养高度重视，美国政府每年都会支出大笔的财政费用于扶植学术与科研领域。据统计，美国大学的研究与开发支出在 2022 年达到了 97.8 亿美元（约合 701 亿元人民币），比 2021 年增加了 8 亿美元（约合 56.4 亿元人民币）。其中，联邦政府资助的项目占了总额的 55%。丰厚的资金支持给予科研人员大胆尝试和挑战的勇气，最大限度地激发他们创新与创造的潜力。

可以说，科研经费充足、学术交流气息浓厚是美国博士项目的主要特色。

收入可观，博士就业前景佳

那么在美国读博士，会比读硕士更好找工作吗？我们可以通过一组数据来窥得端倪。

自 1957 年以来，美国每年都会面向博士学位获得者进行一次人口普查，即 SED（Survey of Earned Doctorates），用于评估美国博士人群的特征、现状及发展趋势。

从 2021 年的调研结果来看，博士毕业生有近三分之二的学生选择在业界和非博士后的学术岗位任职，且收入相当可观。

其中，文商科博士的中位年薪达 7 万美元（约合 50.2 万元人民币）；理工科博士的中位年薪达到了 10 万美元（约合

72 万元人民币）。其中，数学与计算机专业中位年薪高达 13 万美元（约合 93.2 万元人民币）。

不只是海外就业有这样丰厚的待遇，国内也同样如此。尽管国内职场大环境愈发内卷，各大名企、高校、政府机关岗位已经趋于饱和，但仍对具有海外留学经历的博士生颇为青睐，开出的"天价"薪资的背后，往往会附加"海外高水平科研机构工作经历""高水平期刊论文"等招聘要求，这恰好符合美国博士的培养目标。

多年来，美国的高等教育在世界一直处于领先地位，博士培养更是稳定地保持着优质水准。从闻名遐迩的科研实力，再到贴心坚实的后方保障，这也许就是美国博士被众多中国留学生作为追求学术发展首要目标的原因吧。

40 出国读博一定要先读硕士么？

作为高等教育金字塔尖的存在，成为一名博士可以说是不少学子求学的终极目标，这条路也因此竞争激烈，关卡重重，让很多人望而却步。那么，想要出国读博一定要先读硕士吗？申请博士和申请硕士有什么区别？

节约成本的"本科直博"

在美国、英国、加拿大、澳大利亚和新西兰等很多主流留学国家，除了可以通过"先读硕后读博"这种常规的方式进入博士项目外，绝大部分学校也接受本科学历的学生申请博士，也就是通常所说的"本科直博"（Direct Entry PhD）。

本科直博有一个非常显著的优势，就是可以节约经济成本和时间成本。

以美国为例，硕士项目提供的奖学金相对较少，绝大多数攻读硕士学位的学生都需要通过自费来完成学业。而申请美国博士项目，大部分院校会为博士生提供有条件的助教或者助研奖学金。某些财力雄厚的私立院校甚至会为博士生提供无条件奖学金，这些奖学金大多在每年 3~5 万美金左右，基本可以覆盖学生的全部学费和生活费。

此外，本科直博还可以节约时间成本。通常来讲，海外硕士项目的学习时间大多在 1~2 年左右，而博士学位的全日制学习时间大约为 4~6 年，二者相加，需要 6~8 年甚至更长。而本科直博 4~5 年就能毕业，不仅大大减少了时间上的投入，对于未来有志于科研的学生来说，本科直博还是最能保证科研连贯性的方式之一。

从博士入学开始，学生就会按照毕业生的标准来进行学习和准备，从始至终直奔自己心仪的科研主题。这样能避免研究大方向的更换，缩短与不同硕博导师之间的磨合期。

"硕博连读"是成功率更高的选择

大部分的博士留学项目属于纯学术类，需要学生在就读期间选修大量专业课程，发表高质量学术研究成果，并且承担一部分教学任务。院校对博士申请者的学术能力和综合素质要求非常高，如果学生在本科期间很少进实验室，或者没有什么课题研究经验，想走本科直博的学术之路就有一定困难。因此，想要读博的话，先申请硕士项目是一种更具可行性的选择。举例来说，加拿大硕士项目通常要求申请人平均成绩在 80 分及以上，而加拿大的博士项目不仅需要申请人在本科阶段保持更高的平均成绩（85 分及以上），还要从实习实践经历、参与的科研项目、过往奖学金获得情况等诸多方面，综合考查申请人的学术科研能力。

由此可见，海外院校并不会因为国别不同而放宽要求，直接申请博士的选拔门槛依然很高。考虑到硕博的申请难度差异，同学们一定要合理评估自身综合实力，选择适合自己的路径进行申请。

如果大学阶段的成绩和科研实力一般，却希望出国攻读博士学位，可以选择先在专业排名靠前的大学就读硕士项目，充分利用这段时间提升自己的 GPA，丰富科研经历，再以硕士阶段的经历作为跳板，申请本校或其他大学的博士项目。采用这种"曲线救国"的方案成功率也会显著提高。

41 已经工作了还能出国留学吗？

无论在哪个年龄段，出国留学都不是一个能轻易做出的决定，尤其是对于那些有稳定收入的在职人士，想改变现状更需要勇气。那么，已经工作了还能选择出国留学，重返象牙塔吗？

明确目标和职业发展道路

那些已经工作了还想出国留学的人，都有着各自的原因。有的人职业发展很不错，但希望有新的突破；有的人已经工作几年，担心不充电会后劲不足；有的人则是对目前的工作现状不满，对未来感到迷茫，想通过留学暂时逃避……

不论想要辞职留学的原因是什么，我们都应该对自己的职业和人生规划有更清晰的认识。职业发展是一条漫漫长路，比拼的不是冲刺，而是意志、技巧和耐力，是一辈子的长跑。

出国留学就是为了增长知识、开阔眼界、提升能力和丰富自己的阅历，为自己的职业发展不断充电加油，为人生开辟更多的可能性。出国之前，你需要有明确的目的和坚定的意志，要考虑如何将过去的工作经历和个人的兴趣爱好，以及市场需求等因素结合起来，选择最适合自己的专业、时机和方式出国留学。入学之后需要加倍地努力和学习，完成学业后还要将所学付诸行动，用成绩来证明自己的能力，这样才算学有所成。

辞职留学值不值得

工作之后还想出国留学——相信不少已经走上工作岗位的人或多或少都有过这样的想法，还有些人可能会被公派出国进修。然而，公派出国留学的机会可遇而不可求，因此更多想要出国留学的人会面临是否辞职的抉择，这显然是个更加纠结的问题。

究其根本，反复纠结是因为还没有下定决心，或者对未来没有把握，或者还没有真正想清楚。一方面，想出国留学接受更好的教育；另一方面，又担心丢了手头的工作，未来可能找不到更好的，最后得不偿失。所以，对于计划辞职留学的朋友，建议不要跟风从众，更不要感情用事，要先对自己的动机、目标、信心和行动力做一个评估，没有破釜沉舟的决心，千万不要轻举妄动。

我们需要清醒地认识到，人的欲望是无限的，但不可能在所有方面都心想事成。想让自己的生活、学习都更有成效，要靠自己的思想和眼光。做你喜欢的、热爱的事，达成自己理想的同时，对社会、对他人有益处，这才是真正重要的。只有想清楚了这一点，才能在利弊权衡过程中，做出更好的决策。

不做"独行者"

当你最终下定决心，选择辞职走上出国留学的道路，也依然要时刻和国内外的同学、同事或者相关公司保持联系，密切关注行业的发展变化和就业形势。

在全球化背景下，国家与国家之间息息相关，包括前几年的疫情也再次印证，世界已经连在了一起，相互依赖，共同发展。让自己成为一个用心与他人连接、时刻关注变化与趋势的人，才不会轻易地被时代抛下。

工作是一个成长的机会，帮助我们更加了解自己，但不该成为沉没成本阻碍我们前进的步伐。重新换一种环境，或许在别人看来比较折腾，但人生何来绝对安稳的生活？只有适合与否、喜欢与否。带着清晰的目标去留学，让留学的价值最大化，无论什么样的年纪，为自己的人生追求另一种可能，不留遗憾，并没有什么不好。

第三章 留学申请：
看成绩，更看你的综合实力

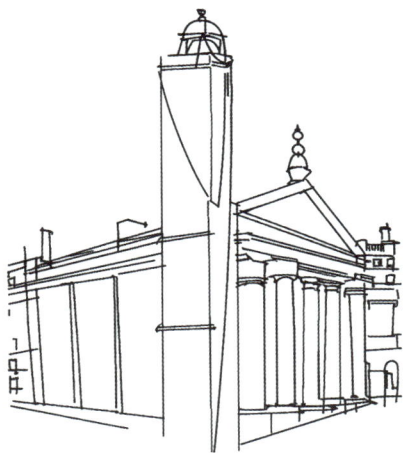

42 申请海外中学有哪些步骤和注意事项？

近几年，有相当一部分中国孩子选择去海外读中学，其中有些是出于尽早接受优质国际教育、全面独立成长的需求，有些是为了提升自己被一流大学录取的概率。那么申请海外中学有哪些步骤和注意事项呢？

多方考量，筛选院校

以美国的中学为例，不仅优质学校林立，教学质量也非常高，往往让人挑花了眼。因此，选校是学生和家长在进行具体的申请准备之前所要考虑的头等大事。

一般来说，美国公立中学对国际学生开放的名额非常少，基本上大家赴美就读的都是私立中学，其中私立学校又分为寄宿制和走读制。除去住宿方式的不同，这两类学校如果从学术质量的角度来比较，并没有本质上的差异。在选校时，家长们要客观分析自己家庭的状况、孩子本身的性格，多方考察各学校的录取难度、课程体系、特色活动、申请条件、安全保障等因素，综合考虑后再确定最适合孩子的几所目标学校。

把握考查标准，提升综合实力

美国中学旨在为美国大学输送人才，这也使得中学的培养理念和考查标准与美国大学的人才评估体系直接挂钩，即会评估学生的学术、艺术、体育等综合素质是否均衡发展，同时还看重学生的课外活动和社区服务。如果确定了几所理想的院校，就可以有针对性地根据这些学校的具体申请要求做准备。

除了需要具备足够优秀的学科成绩，考出优异的托福和SSAT等标准化考试成绩以外，学生还要在能够体现个人综合素质的软实力上下功夫，广泛发展艺术和体育特长，积极参与公益项目等课外活动，收获不一样的成长。举例来说，美国顶尖的寄宿高中菲利普斯安多佛学校就有一套特立独行的录取标准，比如更加重视学生的个人特质，包括是否有同理心、是否能够尊重和包容不同声音、是否有可塑性等。

申请与面试，静候佳音

与申请美国大学相同的是，这些为中学录取所做的准备最终要通过各类申请材料，如在校成绩单、标准化考试成绩、推荐信、申请文书等来呈现。有些学校还会要求申请者同步提交性格测试报告，以此判断学生身上的特质是否符合学校对于申请人的要求。

提交完申请并不意味着结束，申请者仍然需要持续跟进申请状态，部分学校可能会随时让你补充申请材料。

面试是美国中学申请中必不可少的环节，面试表现往往会在很大程度上影响录取结果。如果你的语言表达能力比较优秀且拥有良好的回答问题的逻辑思维，能充分展示自己的特长和个人特点，就可以迅速抓住面试官的注意力，给其留下深刻的印象。

不容忽视的注意事项

◎ 综合考虑，不迷信排名

在进行选校时，大部分家长和学生对美国的中学不是那么熟悉，经常会通过排名来对学校进行评判。实际上，任何排名都不能完整反映一所学校的全貌，我们可以参考，但不能迷信。如果不考虑孩子的性格、特长和学习能力就盲目地定下学术压力较大的学校，就算孩子最终被录取，也可能因为学习环境与其性格、能力不匹配，学习积极性和成绩受到影响，进而影响到美国大学的申请。

◎ 课外活动以兴趣为主，注重质量

还需注意的是，尽管美国中学的招生官希望学生拥有丰富的课外活动经历，但他们更加重视学生的时间和精力是否专注在某几项活动上，看重申请者是否有长期坚持的志趣。

与之相反的是，部分学生和家长为了追求活动的数量而忽略了质量，不管自身的接受能力到底如何，参加很多活动，营造出"花团锦簇"的景象。然而，这种对每个活动都浅尝辄止的做法，有时候并不能起到助力作用。家长还是应该尊重孩子的天性和偏好，让他们按照自己的意愿去发展才能，长久地保持兴趣，减少一些功利性的目标。

◎ 理性看待录取节奏，稳扎稳打

我们经常会发现这样一种现象：不少学生赶在临近申请截止日期前提交申请材料，有些海外中学在审理材料和安排面试之后很快发放了录取，但也会有部分学校气定神闲，录取进程不慌不忙。两相对比之下，学生和家长难免会心生疑惑：录取结果出得快的学校，是否意味着教学质量不好呢？

首先，我们要清楚，不同国家甚至是不同中学的录取结果公布时间并不一样，这与它们的申请和招生方式密切相关，和学校的实力并没有太大的相关性。

在美国，从 2019 以来，许多高中学校纷纷开启了 ED（Early Decision）/EA（Early Action）的早申方式，比如威斯多佛学校、圣詹姆斯学校、石溪中学等，以此来确保自己可以高效地招收最有诚意的学生。毕竟，招生官也希望自己发放的每一份录取都是"双向奔赴"，这些学校的录取时间也会相应提前。

英国、澳大利亚、新西兰等国家的大部分学校的录取原则是"先到先得"，提交申请后的审理周期也相对较快，一般在面试或内测后 1~2 周后即可收到学校的反馈。

◎ 仔细确认，充分准备

此外，拿到录取也并不等于万事大吉，录取更多的是学校接受学生申请的一个意向，学生和家长需要先仔细核对录取信息，如姓名、性别和生日等基础信息，阅读相关内容条款，了解入学时间、学费、课程设置，以及是否需要补充申请材料，再根据学校的要求判断是否需要确认并回执，不要因为粗心错过了理想学校的录取。不少海外中学会要求学生在 1~2 周内做出答复。如果暂时无法做出决定，可以尝试和学校沟通放宽考虑时间，但也有一些中学并不需要进行确认，这样就能有充足的时间慢慢挑选。

此外，充分的行前准备也必不可少。如果能有幸提前获得心仪学校的录取，就可以着手从衣食住行、签证办理到学术筹备等方面进行全方位的规划和安排，争取用最快的速度适应海外的学习和生活。

想要申请到海外的优质中学，除了孩子自身的努力，还需要家长的陪伴和鼓励。同时，申请的准备过程也是孩子不断完善、充实、提高自己的过程，由此树立的自信心也能影响学业、交友和生活的方方面面。

43 海外中学的面试会关注学生的哪些方面？

去 海外读中学除了要递交申请材料外，普遍还要经过面试这一关键环节。在一些学校的招生官看来，面试更能真实地反映一个人的经历和能力，面试也是申请者表现自己、为自己加分的机会。那么，海外中学有哪些面试形式？如何给招生官留下深刻的第一印象？

形式多样的海外中学面试

随着面试需求的多样化发展，海外中学主要会对国际学生采用维立克面试、远程线上面试和校园走访面试这几种形式。

其中，维立克面试是一种由第三方机构协助学校进行评估的方式。由于申请人数逐年增加，一些知名的优质中学无法面试每个学生，故希望借由第三方机构来协助进行相应的评估，于是维立克面试在近年来受到越来越多美国和加拿大私立学校的欢迎。北京、上海、深圳都设有考点，此外也会开放远程面试机会给非中国大陆地区的学生。

维立克面试包括录像面试和写作测试两个部分，学生可以在这个过程中充分展示自己的英语交流能力、个性特点以及写作水平。维立克面试的面试官通常是母语为英语的外籍面试官，相较于真正意义上跟学校之间的面试，这种方式可以在一定程度上减轻学生的心理压力，有助于学生更好地展示自己的才能和优势。

曾经由于疫情的影响，线下面试受限，远程线上面试逐渐成为主流，学校会要求学生通过 Skype 或 Zoom 等线上会议软件进行面试。在线上面试中，面试官会更加关注学生的语言能力，并考查学生在实际场景中的语言运用能力。如果学生能用不同的话题引发面试官提问，也会博得更多好感。

当然，如果条件允许的话，校园走访面试也是非常值得的尝试。这个过程包括参观学校的教学楼、宿舍及文体设施，以及与面试官现场面谈。这种面试形式一方面可以让家长和孩子感受校园环境，另一方面学校也可以从侧面考察学生及其家庭情况，可以说是真正的双向选择。需要注意的是，如果选择这种面试形式，需要通过邮件或学校官网向学校申请，并提前沟通具体时间安排。

当然，并非所有海外中学都会走面试这一流程，也有部分学校，如加拿大的公立高中并不需要学生参加面试。个别学校，如澳大利亚的博士山中学，还曾给予过特别优秀的学生免面试录取。

面试如何通关

面试是一个交流和沟通的过程，因此学生的听说能力是面试官首要关注的方面，面试官会据此判断学生是否具备到海外接受全英文教育的能力。相对于更加擅长的笔试，我们的孩子往往不太擅长表达。如果语言表达能力不过关，不论自身有多么丰富的经历和独特的思维，都无法将其传达给面试官，那么这场对话就不会是一次有效的交谈，因此口语的长期练习至关重要。

为了增进对孩子的了解，面试官还会关注学生的性格特质和兴趣爱好。例如，美国中学非常重视学生的社会参与度、与他人的合作能力、集体责任感等，也会询问学生对于某本书或某部电影的看法，以筛选出最契合学校特质的学生；澳大利亚的中学更偏爱有个性、独立自主的孩子，如果能在面试中谈到自己平时的兴趣爱好、旅游见闻，有助于加深面试官对你的印象。

另外，面试官也会好奇申请者选择学校最真实的想法。例如，"你为什么申请我们学校"通常是澳大利亚私立学校面试"必答题"的第一题。通过这个问题，面试官能了解到学生是否因为找到了自身与学校的契合点才做出这样的选择。因此，学生需要在全面细致地了解学校开设课程、课外活动的基础上，表达自己对于目标学校的熟悉程度和向往，同时也需要体现出对自己未来学习及发展定位的思考。

此外，充满自信才能在面试中展示出最好的自己。这并不是说要自夸，而是需要充分展现出自己的优势，诚实坚定地回答面试官提出的问题，使其认可你的沟通能力、思维能力等。即便问到你不熟悉的问题，也无须惊慌，可以坦诚地承认你这方面的缺失，也可以大胆地表达你的看法，使面试官相信你可以直面自己的劣势，愿意努力弥补自己的不足。

有这样一句话："你永远没有第二次机会给别人留下第一印象。"所以，要想获得理想的面试结果，提前准备和练习是必不可少的。从容的面试表现背后是努力练习、点滴积累的结果，并非一朝一夕就能完成，所以建议想去海外知名中学就读的学子尽早有意识地准备和练习起来，争取给面试官留下深刻的第一印象。

44 本科留学的申请流程是什么？

出国留学，需要进行长期的规划和充足的准备。那么，你知道本科留学申请的流程是什么吗？

院校和专业的选择

热门的本科留学目的地有很多，但无论申请哪个国家，明确申请院校和专业是第一步。

不少中国学生都有很强的"名校情结"，这看起来目标明确，实则缺乏理性的思考和科学的规划。在选校的时候，要做到结合个人兴趣和自身长处，进行综合考虑。此外，还要对目标院校进行全方位的了解。例如，你是倾向于选择综合排名更高的学校，还是倾向于选择专业排名更高的学校？或者更在乎大学的硬件设施、软件配套，还是就业环境？

在专业的选择方面，是"兴趣为王"还是"实用至上"，这是个见仁见智的问题。作为参考，我们可以先了解一下目前的热门留学专业。根据《2023中国留学白皮书》的统计，在美国、加拿大、英国的本科申请中，商科与理工科专业是大部分中国留学生们的首选；澳大利亚、新西兰的本科专业选择日渐多元，人文社科专业的申请占比有着明显的提升。

申请材料的筹备

在明确了目标院校和专业后，接下来就是准备申请材料。海外大学在招生录取上往往会从多个角度去考查申请人的综合能力，如学习能力、专业知识、实践能力、组织规划能力、交流能力等，这些能力需要学生在申请材料中进行充分展现。

通常来说，申请材料大致分为三大类：一是能够证明学生学术能力的材料；二是个人简历、活动经历、推荐信等其他能够展现学生实力的加分项；三是签证、护照等证明性材料。

其中，除了学业成绩外，SAT/ACT 等各类标准化考试成绩是学生学术能力和研究能力最为直接的证明。要想拿到有竞争力的标准化考试成绩，需要进行科学的规划和备考。此外，托福、雅思等语言成绩也是申请大部分院校都需要提交的，语言水平决定了学生能否快速适应当地的学习环境及生活环境。

在背景软实力证明方面，大部分的海外院校会要求学生递交个人简历。学生需要针对申请的专业，在简历中充分展现自身的学习及实践活动经历。加拿大很多优质院校，如多伦多大学、滑铁卢大学等大学的官网，明确标注需要申请者递交相关活动经历或竞赛结果。

推荐信一般是对申请者熟悉程度高的老师、教授或者领导对申请者所做出的评价，可以从侧面体现出申请人的能力，有助于增加申请成功的概率。

申请的注意事项

不同国家院校的申请时间及申请要求不尽相同，需要我们提前了解，并尽早做好规划。尤其是对于同时申请一个国家多所院校，或者多个国家多所院校的学生来说，更要确保不会错过每个学校的申请截止日期。

值得注意的是，海外院校申请大多不同于国内的"一考定终身"，本科留学申请颇具多样性。例如，申请澳大利亚大学的本科就有预科、文凭课程、高考直录三大入读方式，虽然入读时的途径不同，但最后拿到的学位证是一样的，这些不同的申请渠道也需要我们提前关注和了解。

总而言之，本科留学申请流程虽然看似复杂且繁重，但其实只要系统地、详细地进行了解和规划，逐条对照落实，并为目标付出努力，就会发现其实并没有想象中那么难。

45 可以直接用高考成绩申请国外大学吗？

高考，被很多人视为升学的分水岭，是决定前途和命运的关键转折。高考是我国高等学校选拔新生的制度，其全称为"普通高等学校招生全国统一考试"。如今，为了扩大选择范围，增加进入好学校的概率，有些学生在高考升学择校时，不再局限于国内高校，而是开始越来越关注海外的一些知名高校，希望一箭双雕。那么问题也随之而来：高考成绩在国外是否受认可？是否能用高考成绩直接申请国外的高校呢？

受到国际认可的高考成绩

当前，很多主流留学国家的院校都认可中国的高考成绩，甚至将其作为录取的重要参考。这也给予了更多同学在高考后"弯道超车"的可能。

高考成绩之所以逐渐受到了国际社会的认可，是由于高考在评价和衡量学生的学习能力方面，具有很强的权威性。美国旧金山大学前副校长史丹利·奈尔在接受采访中曾指出："我们认可高考有很多优势。它考查的不只是智力，还有学生学习的认真程度。"这些优势更多的是得益于中国扎实的基础教育和严苛的高考制度。

当然，随着近年来国际教育的普及，以及全球教育国际化水平的大幅提升，国外高校对高考成绩认可的另一个巨大推动力正是中国这一庞大的留学市场。

接受高考成绩的海外国家

加拿大是少数能够全面接受中国普高学制的国家之一，学生可以用高考、会考或者是自己的平时成绩来申请加拿大的高校，并且适用于加拿大所有大学。

地处南半球的澳大利亚和新西兰，几乎所有大学都接受中国的高考成绩，其中不乏澳大利亚国立大学、悉尼大学、奥克兰大学这样的世界知名院校。同样地，在欧亚，也有不少国家和地区都接受高考成绩，德国和法国的一些学校甚至将高考成绩列为接受中国学生申请的必要前提之一。中国香港则对内地本科申请人开通了高考生和国际生"双通道"。

在美国，有 30 所左右的大学接受中国学生使用高考成绩来申请本科。其中，部分院校还是 U.S. News 世界大学排名中前 100 的院校，如纽约大学、布朗大学、旧金山大学等。

近年来，英国也有越来越多的高校开始接受用中国的高考成绩申请本科，像位于学术金字塔尖的剑桥大学，申请人的高考成绩排在本省的前 0.1% 就可以提交申请并有机会获得录取。其他 40 多所英国大学也同样接受中国留学生用高考成绩来申请本科直读。

值得注意的是，大部分留学国家及院校也十分看重学生综合实力的展现。如果高考成绩不太理想，也不用气馁，可以通过提交日常在校成绩，或是展现自己对某项兴趣爱好的执着与投入，如参加的课外活动、国际竞赛，以及对学术方面的观察与思考等来赢得招生官们的认可。

现如今，时代在不断变化，高考不再仅仅是通往国内大学的入场券，也是成为国际化人才的一种新的途径。不过，想要成为国际化人才，高考只是一个起点，面对社会日新月异的变化，拥有终身学习的能力以及不断向上的内驱力，才是成就自己的核心要素。

46 本科申请有哪些不同的申请轮次？

可能很多家长和学生都听说过，海外大学申请存在不同的轮次。想要获得好的录取结果，了解清楚其中的规则尤为重要。下面就以最有代表性的美国大学申请体系为例，来介绍一下不同申请轮次的区别。

一般来说，美国大学的申请时间线大致可以分为三轮，即常规申请（RD）、提前申请（ED/EA）和滚动录取（RA）。

常规申请（RD）

常规申请（Regular Decision，简称RD）顾名思义，就是按照美国高校发布的正常申请时间提交申请材料，这是最为常见的申请类型。这类申请一般截止时间多在次年的1~5月，学生在此期间递交申请材料，都有机会获得录取。常规申请在学生申请院校的数量上没有限制，如果你足够优秀或者院校专业选择较为合理，很有可能会出现同时被多所大学录取的情况，进而将选校的主动权掌握在自己的手中。

提前申请（ED/EA）

美国本科录取还有提前申请并及早获得录取的机会，即提前申请轮次。该申请轮次大多集中在 U.S. News 美国大学排名前 50 的大学中，不过加州系高校没有提供此类申请通道，只能进行常规申请。

提前申请细分为提前决定（Early Decision，简称 ED）和提前行动（Early Action，简称 EA）两种。学生如果选择了提前申请，需要在每年的 11 月中上旬向院校提交完所有的成绩和申请材料。

需要特别注意的是，申请 ED 的学生必须签订 Early Decision Agreement（ED 协议），这意味着该学生承诺所申请的院校是第一且是唯一选择，不能同时申请多个院校，被 ED 院校录取的学生必须入学报到（允许延期入学）。如果该学生不去报到，那就很有可能被美国所有的大学拒绝。这是 ED 申请轮次最大的特点——绑定性。

EA 则没有像 ED 这样的限制，虽然申请人同样需要提前提交申请，并能提早知道结果，但是申请者如果不满意可以拒绝入学，并可在次年的 4 月或 5 月再答复院校是否会入学。

不过，支持这种申请模式的美国院校并不是很多，而且相关要求通常会比较苛刻。此外，EA 和 ED 这两种方式不能用在同一所院校的申请上，只能选择其中一种方式投递申请。

滚动录取（RA）

大多数的美国公立院校由于申请人数众多，会采取滚动录取（Rolling Admission，简称 RA）的方式，即院校在没有招满学生的情况下继续接受申请。

滚动录取通常于每年的 9 月开放，一般来说没有固定的申请截止日期，院校招生办通常实行"先到先得，录完即止"的原则，直至院校名额满员为止。从录取周期上看，大部分美国大学的招生委员会，从收到学生的申请档案到审核完毕并发布录取，时长大约为 4~8 周。如若被录取，学生可以自行决定是否就读该院校。

在该申请轮次中，先行递交申请材料的申请人会被优先审核。对于学生们而言，这既是机遇也是挑战，一旦院校招满，即便你再优秀，招生办也不会再进一步考虑，所以不仅要拼速度，还要拼一拼运气。

除了以上提及的这三大类录取轮次外，不同轮次还会有更加细致的划分，例如 ED 申请轮次还会划分为两个阶段，即第一批次（ED1）和第二批次（ED2）。

对于正在筹备美国留学申请的学生和家长来说，申请轮次究竟该怎么选，的确是一个"田忌赛马"式的策略性问题。需要我们制订比较合理的申请计划，在明确重点的情况下有针对性地去准备申请资料，力争在招生官面前做到最完美的亮相。

47 如何准备硕士研究生留学申请？

根据 2022 美国门户开放报告（Open Doors）的数据，中国仍然是美国国际留学生群体最大的来源。此外，国际学生赴美读研的人数比上一学年增长 17%，近十年来首次超过读本科的留学生人数。那么，有意向去美国读研的学生该做哪些准备呢？

灵活的升学申请制度

众所周知，海外高校在招生纳新方面普遍采取申请制，学生在院校选择上有着很大的主动权。因此，为了尽可能地将优秀学子纳入自己的怀抱，大多数高校会提前一年甚至是一年半开通申请通道。根据国家教育体制以及院校管理模式的不同，具体的申请周期也有所差异。

区别于国内研究生秋季入学，美国高校大多分为两个入学季，分别是春季入学和秋季入学。春季入学的申请通道一般在 5—6 月开放，同年 9—10 月陆续关闭申请。秋季入学较春季入学更为普遍，招生人数是春季入学的三倍，申请通道大多会在 8—9 月开通，多数院校的博士项目会在 12 月左右截止，而硕士项目会在次年 2 月份左右结束申请。

英国大学研究生申请则通常遵循"先到先得"的原则，大部分英国高校会采用滚动录取和分轮次录取结合的形式。这意味着，先递交的申请校方将会先进行审理，满足录取条件的同学会提早被录取，直至满额。最近几年，随着申请英国研究生的人数逐渐递增，英国各大学申请通道的开放时间越来越早，一般集中在每年 8—10 月份。

除了以上提及的英美国家外，澳大利亚和新西兰的研究生录取也采用"先到先得"的录取机制，录取发放顺序根据申请先后顺序，满足条件即可获得录取。研究生大部分专业的开学时间为每年 2 月和 7 月（个别学校及专业一年有三次开学季），学生可以按照自己的实际情况进行选择。

从申请时间和录取机制来看，海外高校还是非常灵活的，不仅能够为学生留出充足的准备时间，还能让院校招生官对学生的综合情况和长期学习情况进行多维度的考查。

研究生申请该如何准备

◎ 充分、尽早进行留学规划

出国留学无论对学生还是家庭来说都是一个重要的决定，充分的准备无疑是必要的。以美国为例，美国的高等教育并非由统一机构集中组织管理，而是由 4000 多所经认证的高校组成，提供的课程、学位也有所不同，研究生项目更是种类繁多。因此，整个留学的准备过程有太多的细节需要注意，无论是 DIY 申请还是找留学咨询机构帮忙，最核心的一点是要早规划和早准备，为备考、选校、选专业、网申、签证办理等留出充裕的时间。

美国硕士研究生项目的申请，通常会在入学时间的前一年开放，大多数院校的申请截止日期集中在 11 月至次年 1 月。想要在本科毕业后无缝衔接前往美国读硕士的同学，最好在大三结束就做好充分的准备，尽早提交申请。

◎ 尽早确定所申请的专业

在具体的申请筹备方面，申请者首先要尽早确定好目标专业。

根据不同的教学侧重点，美国硕士可以划分为学术类和职业类两大类型。常见的学术类硕士有文学硕士（Master of Arts，简称 MA）、理学硕士（Master of Science，简称 MS）等；职业类硕士则包括工商管理硕士（Master of Business Administration，简称 MBA）、法学硕士（Master of Laws，简称 LL.M.）、公共卫生硕士（Master of Public Health，简称 MPH）等，涵盖的专业领域广泛而全面。

学生应尽可能选择自己擅长的、感兴趣的专业，这样继续深造才会更轻松、更有动力。不仅如此，专业的选择也影响着日后留学考试的备考方向。

例如，美国高校的文、理、工科研究生申请者大多需要考GRE，商科申请者大部分需要考GMAT。当然也有不少专业有特殊的要求，像是数学、物理、心理学等博士专业的申请者需要提交GRE Sub（即GRE Subject Test，是GRE的专项考试）的成绩。

◎"硬实力"与"软实力"相结合

海外高校的研究生项目对申请学生的考查主要分为两个方面：一是"硬实力"，即GPA，以及托福、GRE或GMAT等一系列标准化考试成绩，这也是被院校录取的基础；二是"软实力"，即除成绩以外，申请者所展示出的综合实力。

本科期间的GPA往往反映了学生的学术水平、学习潜力和学习态度，成绩的好坏甚至会直接影响申请院校的档次。如果目标是全美排名前10的院校和专业，GPA往往需要达到3.7分以上。除此之外，一些知名院校和热门专业，对学生的语言能力非常重视，例如U.S. News全美排名TOP 50的院校一般要求申请者的托福成绩达到100分以上。

需要注意的是，语言分数并不能决定院校的录取，绝大部分海外高校会重点关注申请学生的综合实力，了解学生是否具备充分的专业知识和实践经历，以及对自己的专业和职业规划是否清晰。

理工科学生一般会通过高质量的科研项目来提高竞争力，拥有研究成果或有论文发表可以为申请加分。对于文科和商科的学生来说，拥有丰富的实习和国际化经历尤为重要，多多参加与专业相关的实习或者海外交流、交换、夏校、暑研等活动是提升软实力的有效途径。

此外，还需要提醒大家的是，大部分语言考试的成绩都是有有效期的，例如托福和雅思成绩的官方有效期是两年，有些学校明确声明只看规定时间范围内的语言成绩。因此，要根据具体的要求来合理安排自己的考试时间。

◎ 个性化的申请材料

与美国本科申请一样，申请美国硕士也需要递交一整套申请材料，包括大学的中英文成绩单、标准化考试成绩、简历、个人陈述、推荐信等，任何一项的闪光点都有可能吸引招生官的目光。如果你的申请材料与大部分申请者所呈现的内容差异不大，就很难体现自身的亮点，也很难让招生官看出你对申请专业的理解、对未来的规划等。

例如，宾夕法尼亚大学的沃顿商学院就明确对申请者提出了要求：学生要在申请材料中回答"你打算如何利用沃顿商学院ＭＢＡ（工商管理硕士）项目帮助你实现未来的职业目标"这个问题，以此来考查申请者对自身未来职业规划的思考。因此，同学们需要花费更多的心思准备申请材料，充分讲好自己的故事，将最好的形象展示给心仪的院校。

海外研究生申请是环环相扣的，前期充分的准备是收获心仪录取的强效助推器。尤其是对于准备冲击名校的学生们来说，不单单是要与国内的同学竞争，更是与全世界的优秀申请者同台竞技，因此尽早准备、精心规划必不可少。

48 国外读研可以跨专业申请吗？

如今，国内有不少同学在准备读研深造时会选择跨专业申请，有人是从个人兴趣出发想重新规划学业，也有人是基于对自身未来就业发展的考虑。那么，到国外读研可以跨专业申请吗？如果可以，跨专业申请的难度大吗？

持开放态度的跨专业申请

大部分国外高校对于人才的选拔总体上持比较开放的态度，对不同教育背景和工作经历的申请者基本上可以说是一视同仁。有些院校的部分专业甚至还会鼓励跨专业的学生申请，以便为该专业带来新的思维模式。

在美国，跨专业申请非常普遍。美国院校的大多数硕士专业不要求申请者的本科专业背景完全一致，可以接受基本课程知识和技能在不同专业间的转换。

但需要注意的是，根据跨专业申请的跨度大小，申请的难度也会有所差别。

◎ 在同一专业大类内跨申

这是最常见、也是最容易的跨专业申请方式，本科所积累的学科基础可以为新申请的专业提供有效助力与支撑。例如，本科是化学专业，很多学生在硕士期间会选择读化学工程这种应用性更强的专业。理工类多见于电子工程转计算机科学，商科比较常见的则是会计转金融、金融转市场营销等。这些专业的基础学科知识相近，跨专业申请相对容易一些。

◎ 理工跨申文商或交叉类专业

一般来说，理工科背景的学生如果想跨专业读研，可选择的范围相对会比较广泛，文科和商科很多专业都是可以考虑的，尤其是工程管理、商业分析等交叉类专业。这些专业一向非常欢迎具有理工科思维的人才加入，期望不同专业背景的学生在研究和学习过程中碰撞出新的火花。

◎ 文商跨申交叉类或理工专业

交叉专业的兴起以及行业对于量化概念的重视，也让很多人文社科类专业的学生考虑申请交叉类专业。然而，对于这些学生而言，申请筹备时往往需要补数学或量化课程，这在一定程度上加大了跨专业申请的难度。

如果想要跨申理工科专业，往往还需具备数学和计算机相关的先修课背景，不论是在申请还是在学习准备方面难度都比较大。所以一旦下定决心，就需要提前准备，通过自己的努力去弥补专业知识的差距，并通过相关实践来提升竞争力。

用心准备，推动改变

在今天全球化的背景下，跨文化、跨语言、跨专业的复合型人才在国际舞台上愈发具有竞争力。同学们如果有出国跨专业读研的意愿，需要提前做好准备。至于如何准备，可以从部分院校的硕士研究生申请要求中一探究竟。

首先，在基础知识方面，很多专业虽然没有规定必须取得相同专业的学士学位才可以申请，但对于先修课程还是会有一些明确的要求。

例如，近几年非常热门的金融专业，部分美国院校会要求申请者修过微积分、线性代数、概率论与统计、计算机编程语言等相关课程。如果本科专业与金融专业关联程度较小，申请还是有一定难度的，建议这样的学生本科期间通过辅修或者双学位来弥补相关知识。

此外，有部分学校并不会列出对先修课程的明确要求，但是需要学生具备学习这个专业的能力。这种情况下，最好的证明方法就是获得与这个专业相关的科研经历、发表相关论文，或者积累相关实习及工作经验，让院校看到你具备学习这个专业的潜能。这方面非常典型的例子，就是部分英国院校的英语教学专业，很青睐本科非英语专业但有教学经验的申请者。

澳大利亚和新西兰的硕士研究生项目也提供了很多跨专

业申请的机会。例如，商科、计算机、教育等专业，在目前大部分院校的招生政策下，都不需要申请者有相关的本科背景。

很多中国学生在经过本科的学习后，会渐渐明确自己未来的发展方向。如果想要跨专业读研，首先需要扪心自问：自己是忠于内心，还是在跟风？能否证明过去所学和新专业目标的关联性？是否拥有在新领域长久坚持和拼搏下去的勇气和决心？

一旦下定决心，不论是在专业大类范围内跨申，还是完全的跨学科申请，都需要更加细致的思考和准备。"随大流"的方式不可取，遵从自己的本心，充分了解自己的兴趣，始终如一，通过精准的规划和自身的努力，方能申请到自己心仪的专业。

49 博士留学申请应该如何准备？

对于大多数海外名校而言，博士项目的申请难度往往要高于硕士项目，因此需要申请人准备得更加充分。那么博士留学申请应该如何准备呢？

申请周期

英国、新加坡，还有大部分欧洲国家的高校，在博士申请时间要求上相对灵活，但美国高校的博士项目则比较特殊，通常只有一轮申请，截止日期集中在当年的 12 月中上旬，最晚至次年 1 月。相比之下，各国的硕士项目申请周期没有太多的条条框框，时间安排大部分由高校自己决定。所以博士申请，尤其是美国高校的博士项目，更需要合理安排好时间，早做规划。

需要注意的是，海外博士项目有不同的申请途径，同学们可以根据自身实际情况来选择本科直博或是硕博连读。

GPA 和语言能力考试

海外高校对博士申请者的科研背景以及研究能力都看得

比较重，GPA 是学生学术和研究能力最直接的体现之一，无论从何时开始准备申请，都不应该忽视其重要性。海外高校博士项目对申请人的要求普遍高于硕士项目，而且排名越靠前的院校，对学生的学术水平、语言能力要求越高。以英国博士申请为例，QS 世界大学排名前 10 的英国院校对于中国申请者的 GPA 要求是 3.5~3.9，而 QS 世界大学排名前 100 的英国院校对中国申请者的 GPA 要求则可以放宽到3.0~3.5。

材料准备

除了考查申请者的硬指标和软实力之外，一些国外知名院校还会要求申请者提供相关的申请文书。一般来说，申请硕士学位提供个人陈述、简历、推荐信即可；而申请博士学位除了提供以上材料之外，部分院校还要求申请人提供研究计划（Research Proposal），以方便导师更好地评估学生是否对所申请项目有深入的理解和长久的规划。

面试

海外高校的面试一般分为两种，即现场面试和远程面试。中国学生更多会通过远程面试来进行沟通，大部分的学校会提前一到两周和申请人预约面试时间。在面试准备的过程中，相比于硕士申请，博士申请人更需要对自己研究的课题以及今后的学术生涯展现出充分的热情，尽可能用真诚和专业实力去打动面试官。

50　申请博士奖学金需要做哪些准备？

在美国读博，每年的总费用一般为 7~10 万美元不等（约合人民币 50~70 万元），而且通常需要 4~6 年的时间才能拿到博士学位，经济负担比较重，因此很多同学会选择申请奖学金。一旦申请到奖学金，不但有可能学费全免，每个月的生活费还能得到保障，如果再学会精打细算过日子，甚至每年还可能会有结余。那么，关于博士留学奖学金你知道多少？申请博士奖学金又需要做哪些准备？

种类多样的海外博士奖学金

◎ 国家留学基金委 CSC 奖学金

首先，出国读博可以申请中国国家留学基金委 CSC（China Scholarship Council）奖学金。该奖学金可以简单理解为公派留学，只要你选择出国学习，就有机会去申请。资助内容一般包括生活费、往返机票、签证费等，对部分人员可提供学费资助。公派留学对申请者的语言成绩以及个人学习计划都有比较严格的要求。想要申请该项奖学金，除了自身学习成绩和学习能力之外，最重要的条件就是申请者要同意毕业之后回国服务两年。所以，这项奖学金比较适合学成后立即回国发展的学生。

◎ 国外高校奖学金

有些海外大学为了吸引优秀人才，会设立专门的奖学金项目，如英国牛津大学中国留学生奖学金（China Oxford Scholarship Fund），就是单独为中国留学生设立的。加拿大多伦多大学设立的康诺基金（The Conraught Fund），是特意为攻读研究生学位，且具有创新性成果的学生提供的系列奖学金。美国的奖学金种类更是出了名的丰富。

博士可以申请的奖学金主要有以下三大类：

（1）博士全额奖学金，被称为"最高一档"的奖学金，即Fellowship或Scholarship，学校会负担学生绝大部分的费用，是一种金额最高、竞争最激烈的非服务性的财政资助。一般情况下不仅仅会免除学杂费、住宿费、保险费和基本的生活费，还会给学生一定的个人开支费用，充分满足留学生活的开销。

（2）Tuition Waiver，字面上翻译是"免学费"，但从严格意义上讲，它并不是奖学金，而是一种经济资助，也叫"半奖"，是非服务性资助中发放最多的，也是中国学生比较可能申请到的一种奖学金。拿到半奖的同学不用太担心学费，但还是需要准备好每个月的生活费。

（3）助教 / 助研奖学金。助教奖学金（Teaching Assistantship）和助研奖学金（Research Assistantship）都属于服务性质的奖学金。助教奖学金，顾名思义，就是通过帮助教授教课、主持讨论课、批改作业等工作以获得一定的报酬，一般可以覆盖学生在本地平均水平的生活开销。助研奖学金金额和助教奖学金差不多，最大的区别就是不用去给本科生代课，可以一心一意地做研究。

◎ 海外政府 / 企业奖学金

为了招揽人才，海外许多国家还设有当地政府、企业或机构赞助的奖学金，如英国政府资助的ORS（Overseas Research Scholarship）奖学金、澳大利亚的国际研究生研究奖学金（International Postgraduate Research Scholarship）、新西兰的国际博士研究奖学金（New Zealand International Doctoral Research Scholarship）等，这些奖学金对于博士留学生来说也同样具有很大的吸引力。

从以上几类奖学金不难看出，海外博士留学生奖学金的体系非常完善，这源于美国、英国、澳大利亚等海外热门留学国家在长期的教育发展历程中，形成的扎实的科研基础和人才培养模式。这些知名高校不仅拥有一流的科研软硬件条件，也为优秀的博士生提供了丰厚的资金支持，吸引着全世界对科研有能力、有兴趣的学生前往攻读深造。

博士奖学金的申请筹备

当然，天下没有免费的午餐，想要获得奖学金需要努力争取，充分展示出个人优势，让学校或者政府看到你入校后的发展可能性，心甘情愿地去为你"投资"。

在奖学金申请中，要先学会利用奖学金搜索网站，如College Board's Scholarship Search、Cappex 等，或者登录申请院校的校园网，尽可能挖掘到最为适合自己的奖学金项目。认真阅读所申请的奖学金相关要求，了解清楚院校是否会在网申的时候单独询问奖学金意向，或者需不需要另行提供一篇申请文书。

除此之外，博士申请人需要注意的是，自身优异的语言成绩、在校成绩和丰富的社会活动固然重要，但拥有一段和未来研究方向紧密相关的工作经验亦是成功收获奖学金的重量级砝码。学校有理由相信这样的申请人更可能对自己的学业有一个清晰的规划，也有能力更快地融入新的学习环境。

最后，如果你顺利通过层层筛选拿到一种奖学金之后，还可以继续寻求其他针对国际学生的奖励，持续关注各种奖学金的最新动态。例如，在入学前只申请到了半奖的学生，也可以尝试在入学时继续申请助研／助教奖学金。

总体上看，去海外读博士能获得奖学金的机会还是很大的，为了吸引优秀的人才，世界各国政府、院校为博士申请者提供了充分的支持，可谓是一场"双向奔赴"。

　　对于奖学金的申请，同学们无须给自己施加过多的压力，更重要的是抱有强烈的意愿去尝试，做一个有心人，学会为自己创造条件。要认真研究、早做准备，不要因为怕麻烦而错失良机。

51 申请硕博留学，海外院校也看"第一学历"吗？

每到招聘季，关于"第一学历"的歧视问题都会引发人们的热议。"第一学历"普遍被认为是高考后获得的第一个学历。虽然我国教育部明确表示"第一学历"这个概念纯属子虚乌有，但多年来仍有部分用人单位将"第一学历"作为筛选应聘者的门槛之一。那么，以申请制为招生方式的海外院校，是否也会在招收硕士、博士生时考查申请人的"第一学历"呢？

"第一学历"重要但不绝对

首先可以肯定地回答，一些海外院校是会看申请人的"第一学历"的，但这并不是大多数院校的重点考查维度。

新东方《2023中国留学白皮书》数据显示，申请美国硕博以及英国硕博的学生群体中，本科院校为"双非"（非一流大学建设高校和非一流学科建设高校）的学生占比均在半数左右。可以说，只要有留学深造的目标和实际行动，这个世界都会敞开怀抱表示欢迎。毕竟大多数国家的高校并不会对申请人的背景院校有明确限制，而申请人的GPA、科研成果、实习经历，以及对专业的热忱才是大部分海外院校希望看到并重视的。

以美国为例，为了能让更多弱势群体，如贫困家庭的孩子、初次移民到美国的人群，有通过自己的努力就能实现梦想的机会，美国提供了多种可以进入知名高校读本科的途径。其中两年制的社区大学是比较常见的一种途径。

美国社区大学分为专业性职业技术课程和过渡性文理课程两类。专业性职业技术课程毕业后学生可直接就业；过渡性文理课程则相当于四年制大学的头两年，如果学生在这两年中成绩优异，可以通过转学的形式进入到所在州的大学继续学习。例如，加利福尼亚州的社区大学的学生只要GPA达标，便有机会转学进入加州大学伯克利分校、加州大学洛杉矶分校等美国排名前30的知名高校就读。

因此，在这样的文化背景下，大部分美国高校并不会在乎申请人的背景院校是什么档次，而是更关心这个申请人是不是真的优秀，是否在不断进步。

个人能力的体现才是留学申请中的关键

诚然，拥有优秀的院校背景可以在一定程度上为申请海外知名院校加分，但能凭借优秀的成绩、过硬的个人素质征服录取委员会的，除了天资聪颖的"天之骄子"，更多的是那些勤学苦读，依靠强大的自驱力和坚毅品质，最终获得理想录取的普通学生。

有段时间，晒"学历轨迹"在社交平台上大火。其中，一个山东学生的分享感动了千万网友。这位名叫何世豪的"95后"男生，通过自己的毅力和不懈努力，一步一步从山东医学高等专科学校的大专生逆袭到首都医科大学硕士、博士，最后直至斯坦福大学博士后。在他向大众分享自己的求学感悟中，他并没有因为这段专科生经历而自卑或懊恼，而是将它转化为动力，激励自己勇于面对挫折，自强不息。

一个人的学历只代表过去，而能力才代表未来。与其将自己禁锢在"第一学历"的封印里，不如摆正心态，放下过去，一路向前。人生重要的从来就不是起点，而是那颗进取的心和终身学习的态度。

52 避开激烈竞争，留学申请如何"曲线救国"？

不论是在国内还是国外，大部分学生都希望自己能有机会到知名院校读书，这样不仅能获得更丰富的教育资源、更宽广的职业发展机会，还能收获更高的社会认可度。然而，世界知名院校的数量毕竟有限，能提供的名额也有限。面对这样的现实，很多学子会采用"曲线救国"的策略来实现自己的名校梦。

留学申请中的"曲线救国"，顾名思义就是由于某一学校或专业竞争激烈，直接申请难以脱颖而出，于是采用相对间接、迂回的申请方式来达成目标。那么都有什么方式可以达到"曲线救国"的目的呢？

方法一：转专业

每所高校都有自己的强势学科以及相对比较小众、冷门的专业，而这些专业也因为申请人数以及专业水平等因素，在录取率方面呈现出高低不一的情况。以加州大学洛杉矶分校为例，在2022届录取学生中，计算机科学专业录取率较低，仅为8%，而社会学专业的录取率则为35%。显然，申请加州大学洛杉矶分校的人文社科专业比理工科专业更容易被录取。因此，不少理工科学生会尝试通过申请人文社科专业，先锁定该校的录取名额，再按照自己的兴趣和规划，转专业至自己的理想专业。

方法二：转学校

加拿大的教育体系有一大特色，就是学院（College）和大学（University）之间有着非常灵活的转学分体系。很多不明就里的人认为"去加拿大读学院就是读大专"，这种看法是不准确的。事实上，加拿大的大学和学院在教学上没有本质区别，只是各具特色而已。

加拿大学院开设的课程类型非常多样，其中包括偏实用性的、以培养就业型人才为目标的 2~3 年制大专学位课程、本科学位课程，以及 1~2 年制研究生文凭课程。这些课程在教学理念和方式上更注重实际应用，同时还提供 CO-OP 带薪实习，这一点广受国内学生和家长的认可。

相比之下，加拿大大学的本科比较偏重于理论性，对学生的录取要求较高。因此对于不善于考试或者是不想在申请时过度内卷的学生，可以选择先入读学院本科，再通过学院转学分的方式入读加拿大知名大学。

例如，范莎学院就与韦仕敦大学（原西安大略大学）有双录取项目和转学分项目合作，学生可以先在范莎学院完成语言学习，同时在范莎学院的 GPA 达到 75％，就有机会进入韦仕敦大学的本科专业就读。不仅如此，通过范莎学院的转学分项目，还能获得入读麦克马斯特大学、达尔豪斯大学这类知名院校的机会。

当然，除了加拿大，美国也有这种类似的转学方式，不过需要学生在申请之前做好调查，有哪些学校可以转入心仪的梦校，以及相关的转学要求。虽然美国一些私立高校比较严格，但依然有很多机会。别忘了，美国前总统奥巴马就是通过转学的方式，进入到哥伦比亚大学学习的。

方法三：找一个"跳板"

不少家长和学生有时候会过于在意排名和高校的地理位置，其实也可以考虑避开竞争最激烈的学校，避开大城市，到相对不是那么热门的地区去留学，比如美国南方也有很好的学校，如杜克大学、范德堡大学等。

当然，如果学生对留学国家没有特别的执着，就是想读排名高的学校，而美国的高校申请竞争又过于激烈，完全可以去澳大利亚或者英国排名靠前的学校。此外，还可以本科在一个国家，研究生在另一个国家，这样一来，经历了两个国家不同的学习和制度，有了更丰富的海外生活和学习经验，对自己的背景、未来求职可能会更好。

成功的道路并非只有一条。以上这些"曲线救国"的方法，可以让原本没有机会出国或是没有机会入读知名高校的学生实现自己的梦想。当然，这种"跳跃"不是每个人都可以完成的，需要在背后做足准备，并为自己的目标付出持久的努力。还是那句话，成功总是留给有准备的人。

53 | 如何申请多个国家或地区的大学？

世界各地的教育各有特色及风格，有活力四射的美国和加拿大，注重精英教育的英国，继承与创新交织的澳大利亚和新西兰……面向广阔的天地，人们拥有了多样的教育选择后，问题也随之而来，例如经常有人问：我可以申请多个国家或地区的大学吗？该如何操作？著名的诺贝尔经济学奖得主詹姆士·托宾曾说过："不要把鸡蛋放在一个篮子里。"留学申请也是一样，同时申请多个国家或地区的院校，能够增加拿到理想录取的概率。

多国联申的优势

多个国家或地区的联合申请，就是我们常说的"多国联申"。首先，多国联申最大的优势在于增加了可选择院校及专业的数量，从横向上扩大了学生选择的范围。尤其是一些非热门的小众专业，如人类学、犯罪学、乳畜管理学等，可以通过多国联申有效拓宽赛道。

多国联申每个申请都是相对独立的，学生向不同国家的学校递交申请，彼此互不影响。各国的大学都有自己的录取标准和程序，不会因为学生申请其他国家的学校而降低对该学生的评价。

其次，多国联申也有助于增加学生获得录取的概率。正所谓尝试越多，机遇越多。近年来，虽然各个国家每年招收国际生的人数整体上变化不大，但随着国际教育的普及，申请人数成为最大变量。面对难以预测的申请难度和诸多不确定性，多国联申能够在一定程度上分散风险。

此外，多国联申能够帮助学生规避单一国家政策变动或国际关系的不确定性带来的风险。近年来，国际形势变幻莫测，一些国家的留学政策或签证政策可能随时会发生变化，从而影响到学生的留学计划。多国联申可以为学生提供更多的备选方案，有效降低此类风险。

多国联申的搭配与组合

多国联申一般适用于教育制度相似的国家或地区，尤其是英联邦教育体制，无论是授课模式，还是整体的教学思路，都非常相似。例如，中国香港地区、新加坡和英国一样，都是英语授课，且学制一致，是多国联申的热门组合。

申请材料及时间线相近也是多国联申时会考虑的重点，因为这样可以节省不少筹备的精力。例如，一些准备申请美国高校的学生，也会同时申请加拿大的高校，主要就是由于这两个国家不仅申请材料基本相同，申请的整体时间也较为相近。这两个国家的留学申请多集中在每年 9 月份，在具体的申请时间上，美国比加拿大稍早一些。此外，它们的申请材料都包括语言成绩、个人陈述等。值得一提的是，两国的热门专业也很"同频"，计算机、数学、金融等专业都广受欢迎。

除了以上搭配，还可以尝试爱尔兰、荷兰、瑞士等欧洲英语系国家，这些国家的大学申请流程、时间、语言要求基本类似，可以组合申请。

当然，在选择多国联申时，也需要注意目标学校和目标专业是否符合学生的个人兴趣及未来人生规划。无论想要联申哪些留学目的地，首要前提都是选择自己喜欢的、适合的。

多国联申的注意事项

虽然多国联申可以为申请人带来更多的机会，但也不可避免地会增加申请筹备的复杂程度，如果没有做好合理的规划，很难做到多线并行。

想要多国联申顺利进行，大家需要尤为关注各国或地区不同的申请偏好。例如，英国的审核风格略偏程式化，部分院校会有一份院校 list（名单）来权衡申请人的院校背景；而加拿大更注重申请人的背景软实力，实习、科研、竞赛等活动更能为申请增色加分。

多国联申不等于"多申""乱申",留学申请需要有所侧重,在扩大选择范围的同时保证申请质量。唯有多方了解比对、尽早规划筹备,才能在留学申请的道路上走得又稳又远。

54 国内本科在读，想转学到国外大学应该做哪些准备？

有的同学高考没有发挥好，没有被心仪的大学录取，在国内大学读了一段时间后，对现状不满意，产生了转学到国外大学的念头；还有些同学进入大学学习一段时间后，觉得所学专业自己并不喜欢，想转专业，但自己所在学校不允许，于是有了转学到国外高校换专业的想法。

那么，本科在读大学生，想转学到国外大学是否可行呢？如果可行，应该做哪些准备呢？

本科转学，高考后另一种圆梦路径

事实上，本科转学到国外大学，并不是一件特别难的事情，但却是一件很需要勇气的事情。在经历了竞争激烈的高考之后，原本可以好好享受自己的大学时光，但为了新的梦想，又开始了转学申请的准备，这是需要巨大的决心和毅力的。

从另一个角度来讲，本科转学到国外大学，也是高考之后圆梦名校的一种方法。当然，这个转学的过程也并非十分容易，它有一个比较硬性的申请递交流程，需要同学们按部就班地准备材料，递交申请。

由于在国内大学已经读了一段时间，因此很多同学想在转学的时候，抵消相应的学分，以减少海外求学的时长和费用。这时可能出现两种情况：一是同专业转学，二是跨专业转学。同专业转学相对来说学分减免的可能性更大些，而跨专业转学能转换的学分就比较少。

此外，还要看国内在读院校的课程开设是否跟海外大学课程设置相匹配。换句话说，国内大学课程的国际化程度、所在院校的国内排名，一定程度上也决定了可转学分的多少，比如"双一流大学"的课程难度和认可度更高。但总的来说，转学大概率会损失一定的学分。

转学申请最重要的一项指标是GPA。这里要分为大一转学和大二学转两类。大一转学除了要看大学成绩，高中成绩和标准化考试分数同等重要。很多国外大学规定，学生必须在原来的大学修满一定学分才可视为转学生，大一转学的同学要特别注意海外高校的学分要求。

大二转学的同学，如果大学成绩单上包含60个以上学分，高中成绩就相对没那么重要了。当然，好的标准化考试成绩一样可以提交，一样有辅助作用。对于目标是TOP30院校的同学，基本可以认定GPA3.8是转学申请的门槛，比如纽约大学就非常看重转学生的GPA，如果GPA比较高，转学相对来说就容易一些。

除了自身的软硬实力外，还有一些其他因素会影响转学的成功率。例如，加州的院校对加州社区学院的学生转学比较容易接受，但对于加州以外的地区，不管是美国其他地区，还是我们国内院校，相对都比较难。所以选择合适的目标院校、合理规划转学路径，转学成功率才会更高一些。

本科转学要做哪些准备？

本科转学和本科直接申请在材料准备和流程上有一些不同之处。

首先，在准备的材料中，本科转学多了大学就读期间的学术成绩材料，比如美国本科转学就要包含高中成绩单、高中毕业证明、大学成绩单、大学在读证明、大学课程描述、推荐信、个人简历信息表、标准化考试成绩、作品集等材料。

其次，递交材料的截止时间也有一定的区别。由于大部分院校会先接受本科新生，然后再接受转学生，所以转学申请的截止时间会稍微晚一点。

不同于海外本科转海外本科，国内本科转美国大学，绝大部分院校需要成绩单认证。转学生可以先在国内学信网上申请认证，然后递交给申请的院校。有的大学需要双重认证，还需要把学信网的认证再递交给美国 WES（World Education Services，美国一家非营利性的认证机构）认证，最后再递交给大学。

同学们在转学前也要特别注意一点，即所申院校的专业是否接受转学生。例如，在 2023 申请季中，康奈尔大学就拒不接受建筑专业的转学生，所以提前了解院校和专业信息至关重要。

最后，如果立志想要通过转学进入一些竞争激烈的学院或专业，那么建议要做好以下几步：

第一，大一及大二在校期间保持较高的 GPA，比如 3.8 以上，向转学目标学院展示自己强大的学习能力。

第二，提前了解目标院校准确的转学要求与信息，有针对性地为目标专业所需的先修课做准备。

第三，有的学校要求高，需要准备完善的申请材料，比如文书、目标专业相关的活动经历、有分量的推荐信等；有的学校要求比较简单，填一份申请表即可。要根据目标学校的要求做好准备。

第四，还可以充分利用目标学校的暑期课程、网络课程提升自己的学术能力，根据院校的实际要求，提前准备相关材料。

55 | 进入 Waiting List，怎么做才能获得录取？

对于留学申请的学生们来说，筹备不易，等待的过程也难免煎熬。录取放榜过后，有人拿到心仪院校的录取，皆大欢喜；有人收到拒信，失落不已。还有人会收到一封模棱两可的邮件——Waiting List，对此，不少人有些摸不着头脑。那么，Waiting List 意味着什么？进入名单的学生是喜是忧？

无论结果如何，都要相信自己

所谓 Waiting List，其实就是一份候选名单。国外院校在审核了学生的申请材料后，发现其少递交了部分申请材料，或是目前学生的资质还不足以被学校当即录取，但大体来看，学生尚有被"招致麾下"的潜质，又或是学生的成绩及个人能力足够优秀，大概率会被更优秀的院校"抢走"，所以没有直接给学生发放拒信，而是纳入到了 Waiting List 中，让其成为候选申请池里的一分子。

这种待定的形式本质上源于大学实际入学率（实际来校学生与录取学生的比例）的不确定性，学校无法保证录取结果发放后，实际来校生与院校拟招收的学生数量相同。因此，就需要有候选人能够随时来填补空缺。

因此，进入 Waiting List 不等于收到拒信，也并不意味着你不够优秀。要知道国外很多顶尖院校的招生办公室里，每年都会收到成千上万封申请，收到 Waiting List 说明你其实已经击败了数以千计的竞争者，应当为自己小小自豪一把。

坚定目标院校，主动出击

如果进入了学校的 Waiting List，又该如何应对呢？

首先，要想清楚这所学校是不是你心仪的学校，并进一步确认自己的排名情况。如果你很想来这所学校，那么最好的选择就是告诉学校你的真实意愿，尽快给学校回复邮件，表示自己愿意留在 Waiting List 上，并附上一份请愿信。请愿信中的重点，不仅仅在于陈述和这所学校的不解之缘，感叹它是多么的优秀，还要精心设计出一些细致、精准的论点，表达出你在入学后能够为这所学校带来什么。例如，你可以建立中国学生俱乐部，让学校的同学甚至是老师们了解更多的中国文化；或者你在某些艺术或者体育项目上有哪些成就，可以为学校社团带来更多的价值等。这些都是学校乐于和期望看到的。

此外，在请愿信中，也可以告诉学校你在提交申请后自身的努力与进步。例如，用更新的成绩单或者标准化考试成绩、新拥有的优势项目、额外获得的奖项等来证明自己的能力，这些都可以给予学校更充足的理由选择你。

这是因为学校在决定是否录取某个学生时，非常看重这个学生自身的成长表现能否高过与其竞争的人。也就是说，学校不仅仅要看在等待过程中，学生申请就读的意愿是否强烈，也要了解到学生在未来能否有更好的发展和积极向上的心态。

申请递交后，答案绝不止一种。在人生中，事与愿违是常事，但这也给了我们更大的动力去探索更多元的成长方式。而在这一过程中，我们要及时调整心态，做好充分的准备，化被动为主动，让自己随时可以重新出发。

56 如何通过参加夏校，让留学申请更有竞争力？

每年的1—2月，很多知名高校的夏校（Summer School）开始面向全世界的中学生开放申请。夏校不同于夏令营，很多夏令营是带有旅游性质的，但夏校是实打实的校内学习，是同学们为了在某一方面有所提升而参加的暑期课程。部分夏校课程还可以修学分，会给予优秀的学生推荐信，对日后的留学申请大有裨益。

那么，什么时候参加夏校比较合适呢？又有哪些类型的夏校可以选择呢？

什么时候参加夏校比较合适？

理想情况下，如果学生想要申请本科留学，初三下学期的时候就可以开始规划申请夏校了。不过考虑到优质高校所开设的夏校大多对申请学生的语言能力、学术水平有一定要求，只有部分学术能力比较强的学生会选择在高一的暑假就去参加夏校。

对于大多数学生来说，在高二暑期参加夏校是性价比较高的选择。

首先，这时候上夏校可以帮助学生一次性达成多个目标，例如了解校园环境及教学风格、凭借优异的表现拿到夏校老师的推荐信、参加申请前的院校面试等，为后续的本科申请增加竞争力。

其次，此时有本科留学规划的学生一般都已经拥有了较好的语言成绩，如果有机会申请到知名院校所开设的夏校课程，这段经历可以为本科申请提供助力。

此外，如果学生申请的是夏校学分课程的话，若成绩合格，在正式留学后可以实现学分转换，从而免修相关课程，节省更多时间。

最后，夏校的学习可以让学生们更好地了解自己喜欢什么、擅长什么，帮助他们尽早明确未来的学习方向。

有哪些夏校可以选择？

海外有很多国家的知名高校都会开设夏校，但当前被大家讨论最多的还是美国和英国的夏校。下面就以美国夏校为例，为大家介绍一下夏校的特点和选择方向。

美国大学夏校共分为 3 个级别。

Level 1 级别的夏校主要为非学分类夏校。这些类型的夏校申请门槛一般比较低，对学生通常没有语言和学术的要求，所开设的课程大多为体验性的，例如杜克大学和加州大学伯克利分校就有开设这种类型的暑期项目。如果学生不太清楚自己的优势和专业方向，可以选择这类夏校作为尝试和探索。

Level 2 级别的夏校为学分类夏校。学分类夏校原本是给本科生提供的暑期课程，让学生在假期可以额外修读学分。

这样的课程性质也决定了学生需具备一定的学术水平。对于高中生来说，这类夏校无疑申请难度比较高，通常情况下需要像申请大学一样提交自己有竞争力的 GPA 成绩、老师推荐信、个人陈述等申请材料。同时，对学生的语言也有一定的要求，例如宾夕法尼亚大学的夏校课程就要求国际学生达到托福 100 分以上或雅思 7.0 的水平。但相应的，这类课程也因其较高的学术水平而受到很多知名高校的认可，可以用来转换学分。

Level 3 级别的夏校为大学特色项目类。近年来比较受欢迎的耶鲁大学全球青年学者项目（YYGS）、罗斯数学课程（ROSS）、约翰斯·霍普金斯大学天才青年中心暑假项目（JHU CTY）等都属于这类级别的夏校。这类项目课程通常不计学分或成绩，且录取率非常低，一般在 5%~10% 左右，但因其课程难度和高学术水平而广受知名高校认可。有统计称，绝大多数进入到罗斯数学课程的学生，后来都去了"哈耶普斯麻"（哈佛大学、耶鲁大学、普林斯顿大学、斯坦福大学、麻省理工学院）或同级别的知名高校。可以说，能进入这类级别夏校的学生，基本上已经一只脚踏入藤校了。

通过对夏校的解读可以发现，不同类型的夏校对学生的申请要求不同，所能解决的问题也不一样。因此，学生还需要根据自己的实际需求选择相应的夏校，为自己的梦校申请添砖加瓦。

57 什么样的课外活动才能打动名校招生官？

申请海外名校，除了成绩之外，招生官最想了解的是你是否适合这个学校。招生官会通过学生以往参加的课外活动，了解学生的兴趣、天赋、性格特点等。那么，什么样的课外活动更能打动名校的招生官呢？

在体育竞技中学会提升

西方对体育精神的崇尚由来已久，从古希腊、古罗马时期便开启了以强身健体为核心的教育传统。

早在 19 世纪初，英国的一些公学（实际上是著名的私立学校）便开始引入各种体育竞赛，坚信它们将有助于磨砺人的意志，塑造学生坚毅的性格，并将在贵族和精英教育中发挥举足轻重的作用。板球和高尔夫球是最早在学校中兴起的两类竞赛。

后来，更多的体育游戏和竞赛融入公学的生活中，特别是被誉为英国"现代四项"的划船、橄榄球、曲棍球和草地网球在校园里流行起来，狩猎、骑马、墙手球等也是常见的课外活动。在精英辈出的私立学校中，体育运动是孩子们日常生活的一部分，每个孩子每周的平均运动时长大概在5~6小时。伊顿公学作为英国最好的私立学校之一，开设了8项体育必修课和27项体育选修课，每周的体育课课时竟达到23个小时。

所以在孩子小的时候，家长可以多陪他了解一些体育竞技项目，在课外活动中鼓励孩子多参加适合自己的比赛，从而有效培养孩子的竞技意识。当然，这并不是为了赢，而是为了培养孩子追求卓越的精神。

体育，不只是简单的运动，它更是一种意志力教育、协作教育和规则教育。体育之表是强健体魄，但体育之内核其实是始终追求更高、更快、更强、更团结的奋斗精神，是不断超越自我的自信成长，是坚持到底、永不言弃的坚强意志，是自我发现、自我探索、自我成就和自我实现的一条坦途。这些能力与素质体现，都是招生官眼中突出的闪光点。

在兴趣和持续关注中获得成长

"独特性"是众多国外名校所倡导的教育理念之一。在一个充满生机的、多样化的群体中，教育才能持续发展。对申请海外中学的中国孩子们来说，这意味着家长需要重点培养孩子们独特的兴趣和优势，比如科学实验、舞蹈、绘画等，并尝试将兴趣与课外活动，甚至是日常生活结合起来。

事实上，从小到大长年坚持一项兴趣爱好，被视为培养坚毅品格的良好途径。有学者专门追踪了 11 000 名美国青少年的成长历程，直至他们 26 岁结束。结果发现，孩子每周在课外活动上所花的时间，能预测他们长大之后是否会找到一份好工作，能否有更高的收入。

招生官们最想看到的学生是鲜活的、饱满的、执着的、充满热情的，愿意长期地、真正地投入到一项感兴趣的课外活动中，这也将成为学生未来升学之后，还能持续努力、不断进取的动力。

带着服务精神的志愿者活动

公益性活动涵盖的范围非常广泛，有着很大的选择和参与空间。参与公益活动不仅能有效提升孩子的社会责任感，还能通过帮助、服务他人，提升孩子的组织能力、沟通能力、领导能力、独立自主能力等。因而，申请学生是否拥有一段甚至是多段志愿者活动经历，也同样是名校招生官所关注的重点。

美国的通识教育鼓励孩子们利用假期时间去参与自己喜欢的活动，其中占比最大的就是各类公益性实践活动，包括做志愿者、社区服务、义工等。参加的活动不在多，而在于能否用心去做，能否有所思考和感悟，这些才是决定活动质量的关键因素。

美国教育界认为，志愿活动能反映出一个人是否具有创新和领导才能。美国前总统奥巴马曾说过，年轻时的社区义工经历是他"曾受到的最好训练"，这段经历让他体会到了美国底层民众的所思所想。所以，很多国外知名大学在招生时也尤为看重这一点，希望申请的学生在经历中体现出主动发现问题、积极采取行动的敏锐与果断。

58 留学申请选择 DIY，还是留学机构？

在准备留学申请的过程中，许多学生都会面临一个关键选择：是自己处理申请流程（DIY），还是寻求专业留学机构的帮助？实际上，这个问题的答案并没有定论，而是取决于个人的具体情况。

对于那些自我定位清晰、目标规划明确，且具备足够的时间和能力的学生，DIY 可能是一个不错的选择。DIY 申请可以让学生更深入地了解留学申请的每一个环节，从中获得宝贵的经验和成长。在这个过程中，学生需要自行研究不同院校的申请要求、申请截止日期等关键信息，同时还要准备各类申请材料，并跟进申请进度。这一过程虽然烦琐，但对学生的自主性、时间管理和自我规划能力都是一种难得的锻炼。

然而，对于那些备考时间紧张、对申请政策和留学资讯了解不足，或对自己的优势、未来发展方向不够明确的学生，选择留学机构可能更为明智。专业的留学机构拥有丰富的经验和资源，能够提供全方位的留学服务，包括院校选择、材料准备、申请跟进等。此外，留学机构通常还会提供职业生涯规划服务，帮助学生更好地了解自己的兴趣和优势，为其未来发展提供指导。

值得注意的是，一方面，选择 DIY 并不意味着就要完全无视留学机构。许多机构都会定期举办背景提升、职业规划讲座等活动，选择 DIY 的学生不但可以通过参与这些活动，获取更多有用的信息和资源，还可以与留学顾问或职业生涯规划师进行深入交流，以便更好地了解自己的需求和目标。

另一方面，即使选择了留学机构，学生也不应完全依赖机构的服务。留学申请是个人成长的一个重要过程，学生应该积极参与其中，与机构保持密切的沟通与合作。只有充分展现自己的实力和特色，留学机构才能更好地为你服务，帮你挖掘出优势背景，赢得更多的机会。

总的来说，留学申请选择 DIY 和留学机构各有千秋，但无论哪种方式，关键是要对自己有充分的了解，保持积极主动的态度，这样才能在申请过程中获得成长、取得成功。

第四章 留学备考：
机会总是留给有准备的人

59 出国留学有哪些需要准备的考试？

经常有家长问：留学申请中最重要的是什么？其实，很多海外名校在招生时更看重申请者的综合实力，要求申请者软硬实力都要兼备。而硬实力中必不可少的一系列标准化考试成绩是被院校录取的基础条件。那么，你知道出国留学需要准备哪些考试吗？

必备的语言考试

在海外国家的院校学习时，学生们需要用外语来听课、交流、阅读和写作，因此海外院校也将学生们的外语能力作为录取时的一个重要参考标准。

首先，针对英文能力的考试，常见的有雅思（IELTS）、托福（TOEFL）、培生学术英语考试（PTE Academic）、多邻国（Duolingo English Test）等。其中，雅思和托福是最主流的留学语言考试，而培生学术英语考试和多邻国则是不少学生的备选。

托福和雅思都是通过阅读、听力、口语和写作这四个方面来考查学生的英语运用能力。其中，托福考试每部分30

分，满分 120 分；雅思考试则是每个部分单独计分，单项满分和总分都为 9.0 分，最后总分根据各部分取平均值。

目前，托福和雅思成绩已经被世界上大多数国家的院校所认可，但不同国家之间仍有偏好。美国的大学传统上更倾向于申请人提交托福成绩，部分项目至今仍不接受雅思，如斯坦福大学的研究生项目；而英国所有大学都认可雅思成绩。虽然部分英国学校也接受托福成绩，但如果学生的语言成绩达不到正课要求，则需要申请语言班，这时只能提供雅思 UKVI 成绩，托福成绩是不被接受的。

同样地，培生学术英语考试也是对听说读写四项能力进行考查，但它的特别之处在于完全由机器自动评分，还可以用于英国、澳大利亚、新西兰政府的签证和移民申请。

此外，由于近年来疫情的影响，雅思、托福考位曾频繁取消，多邻国考试因其出分快、线上考试等特性，也逐渐成为很多大学可接受的语言测试成绩。

除了英语能力测试，去其他小语种国家留学且申请非英语授课的项目，还需要准备相应的语言能力证明，比如参加德语语言考试（TestDaF）、法语学习文凭／法语高级学习文凭（DELF/DALF）考试、日本语能力测试（JLPT）、韩语能力考试（TOPIK）等不同的语言标准化考试。

不同层次的学业考试

针对不同的学术阶段，不同的学业考试也是必需的。一般来说，去海外读本科时，不少优质院校会要求学生提交 A-Level 成绩、AP 成绩或 IB 成绩；美国的大部分优秀院校也会要求学生提交 SAT 或 ACT 成绩；研究生阶段，通常需要准备 GRE 或 GMAT，一些专业可能还要求申请者参加指定的专项考试。

◎ 本科相关考试

A-Level、AP、IB 是目前三大主流的国际课程体系，也是出国读本科需要准备的学业考试。其中，A-Level 是英国学生的大学入学考试课程，其成绩多用于申请英国大学本科；AP 相当于美国大学先修课程，学生在高中提前学习 AP 课程，通过考试，取得的成绩可以抵扣部分美国大学的学分；IB 是一个国际文凭，指的是为高中学子设立的"国际预科证书课程"，其成绩在全球范围内广受认可。

有着"美国高考"之称的 SAT/ACT 考试是美国大学入学申请的重要衡量标准之一，考查学生阅读、文法、数学等能力（ACT 还包含"科学"单项）。虽然被称作"美国高考"，但如果想要申请加拿大、英国、澳大利亚和新加坡等地的大学，这两项考试也都适用。

◎ 研究生相关考试

在申请美国或加拿大的研究生课程时，一般需要准备GRE 考试（全称 Graduate Record Examination，美国研究生入学考试），除了医学、商科和法学，GRE 考试适用于绝大多数专业的要求。但是近几年，不少商学院和法学院也越来越多地接受使用 GRE 成绩申请的学生。GRE 考试内容包括分析性写作（Analytical Writing）、语言推理（Verbal Reasoning）和定量推理（Quantitative Reasoning）。需要注意的是，如果申请数学、物理、化学和心理学等需具备一定知识基础的专业，可能还需准备 GRE Sub（GRE Subject test，GRE 专项考试）。个别转专业申请硕士学位的申请人，也可用 GRE Sub 考试展示个人专业知识储备和能力。

就具体的学科而言，在世界各地申请商科相关专业的研究生时，GMAT 成绩几乎可以说是必备的。若申请人希望就读美国、加拿大等国家和地区的法律专业研究生，LSAT 考试则是进入庄严神圣法律殿堂的起步。法学院会以此判断申请者是否具有正确且合理的推论与判断能力、分析及评估能力。

无论筹备何种考试，考生自身的语言能力以及良好的应试心态都是至关重要的。备考之前最好先了解留学目标院校要求提交哪些考试成绩，有的放矢地去做准备，这样你的梦校就会离你更近一步。

60 | 雅思和托福，应该如何选择？

随着 2023 年 7 月 26 日新托福的首考，关于雅思和托福这两种英语语言考试的难易之争又一次升温。由于世界上绝大多数国家的院校都同时认可雅思和托福，不少学生一直纠结到底要报考雅思还是托福。究竟两者孰难孰易？应该如何选择？下面我们就从听力、阅读、口语和写作这四个板块，对比一下这两个考试。

听力（Listening）

雅思听力分四个部分，生活场景和学术场景各占一半；而托福听力包含两个校园情景对话、三个课堂讲座，更倾向考查学术性场景。

雅思听力题型包括填空、单选、多选、地图、流程、匹配等；而托福都是选择题。

雅思听力可以看到题目，边听边做；而托福听力听的时候看不见题目，而后凭借记忆和笔记做题。

阅读（Reading）

雅思阅读一共 3 篇文章 40 道题，共 60 分钟作答时间；而新托福阅读一共 2 篇文章，20 道题，共 36 分钟作答时间。

雅思阅读题型包括填空、判断、选择、匹配、流程、标题对应等；而托福均为选择题。

口语（Speaking）

雅思口语总时长为 11~14 分钟，分三个部分：第一部分，考生先进行自我介绍，然后考官就一些日常性的生活经历和情景展开提问；第二部分，考官交给考生一个答题任务卡，考生有 1 分钟的准备时间，然后需要就此话题进行 2 分钟左右的陈述；第三部分，考官就第二部分所提及的话题与考生进行更深入的双向讨论。

托福口语共有四道题目，总时长约 16 分钟：第一题属于独立题，15 秒准备，45 秒内回答，要求考生就某一话题阐述自己的观点；第二至四题属于综合题，集合了读、听、说的形式。

雅思口语面对真人考官，一对一交流；而托福口语则是人机对话，很多人在一个教室，可能会受到其他考生的影响，需要有一定的抗干扰能力。

雅思口语注重考查英语沟通能力，侧重听懂问题之后进行清晰的表达；而托福口语还涉及一定的听力和阅读，既有信息的复述总结又有主观想法表达的考查，维度更加多元。

写作（Writing）

雅思写作要求考生在 60 分钟内完成两篇作文。第一篇为图表，考生需对曲线图、柱状图、饼状图、表格、流程图或示意图等进行描述，要求不得少于 150 字。第二篇为议论文，考生需根据题目所给出的看法、问题或议题进行论述，要求不得少于 250 字。

新托福写作包括综合写作和学术讨论写作。综合写作要求考生先用 3 分钟时间阅读一篇学术演讲，然后文章隐去，听一段大约为 2 分钟的课堂讲解，随后之前阅读过的文章再次出现在屏幕左半边，此时要求考生在 20 分钟内写一篇作文，总结课堂演讲的论点、论据，并陈述这些论点、论据是如何支持或者反驳文章的论点、论据的，字数要求为 150~225 词。学术讨论写作模拟线上课堂讨论，要求考生针对指定话题阐述观点并提供论据，在 10 分钟内写作不少于 100 个词。

雅思写作考查写作单一技能；而托福写作有的需要依托阅读和听力技能，考查点更加多元，对综合素质有要求。

通过以上对比可以得知，托福考试在口语和写作的测试部分都涉及听力，同时对于考生的综合能力要求较高：写中有听，说中有读，听中有记。习惯了纸笔考试的考生需要提前适应机考模式。雅思考试则更加侧重考查考生英语能力的实际应用，无论是听力中生活场景的再现，还是口语中主观题目的阐述，均涉及语言的实际使用。

事实上，托福雅思孰难孰易也因人而异，不可一概而论。考生可根据自己的做题习惯、擅长题型和能力素质选择适合自己的考试。可能有个别同学会问：能否两种考试都参加，选择更好的考试成绩？这当然是可以的，只要你有足够的精力，同时把相关考试的复习时间安排妥当即可。

61 雅思纸笔考和机考该选哪个？

一直以来，雅思考试都是采用纸笔考试外加人人对话的考试形式，这也非常符合中国学生的考试习惯。随着申请人数的日益增多，2016年，雅思官方新增了机考模式，与纸笔考试模式并行。在机考模式中，虽然阅读、听力、写作都采用电脑考试的形式，但雅思特有的人人对话考试形式还是保留了下来。

值得注意的是，2022年开始，中国大陆的雅思口语考试全部转为视频通话模式，但它本质上也还是考生和考官之间的人人对话模式，只不过由面对面改成了电脑视频。那么，雅思纸笔考和雅思机考之间有什么区别？又该怎么选择呢？

纸笔考 VS 机考

雅思纸笔考试和机考试卷在考查范围、评分标准、难度等级、考试题型、考试安全设置等方面是完全一致的，并不存在哪种考试更容易的情况，区别只在于考试模式的不同。

首先，从考生拿到的试卷来看，参加雅思纸笔考的考生拿到的都是相同的试卷；而参加机考的考生，即便是身处同一个考场，大家拿到的试卷也不一定相同，这在一定程度上降低了考场作弊的可能。

其次，从考试作答模式来看，纸笔考可谓是中国学生最为熟悉的作答模式了，在一定程度上能够消解陌生考试形式带来的紧张感，同时也能避免由于网络延迟等客观因素带来的外在干扰。而在机考中，填空题可以直接复制粘贴原文中的答案；阅读文章和题目在同一页，考生不需要翻页就可以寻找答案；喜欢在试卷上做标记的考生还可以使用"高光"和"标注"功能在文中做标记；写作界面和 Word 文档差不多，有复制、粘贴和删除等功能，还能自动计时和自动统计字数，可以说是相当方便了。

此外，从考试时长来看，虽然纸笔考和机考的听力音频时长一样，但不同的是，纸笔考试填写答案和检查的时间有 10 分钟，而机考只有 2 分钟检查时间。在机考中，考生无须把答案从试卷誊抄到答题纸上，而需要在聆听材料的同时就把答案填写到对应的题号中。

最后，从考试日期来看，机考的选择无疑更多。2024 年1 月—6 月，中国大陆有 19 个雅思纸笔考试日期，全部设在周三；机考日期则有 158 个可供选择，除节假日及个别系统维护日外，几乎每天都有考试。

什么样的学生适合选择机考？

对于大部分中国学生来说，纸笔考试仍是他们最为熟悉的方式。不过随着网络信息化的逐渐普及，不少考生也渐渐适应了机考。比如，有不少低龄考生从小就接触屏幕阅读，且打字速度比较快，答题的效率整体略高，那么对于这类学生而言，机考显然是更合适的选择。

此外，如果考生急需考试成绩，那么也可以选择机考。雅思机考出分比较快，在考试后 3 天（节假日除外）就会有结果，而参加纸笔考试的考生则需要在考试结束后的第 10 个工作日才能收到成绩。如果考生心仪院校所设置的申请截止日期临近的话，建议考生选择机考，尽快出分。

最后，对于写字不好看或者是习惯在撰写过程中涂涂改改的考生，机考便是不二之选。当前，大部分考生平时用电脑写作业，养成了"写—删—写"的写作习惯，而这种习惯会让他们在手写作文时感到十分别扭，不仅可能会经常修改留下痕迹，还会增加出错率。在这样的情况下，建议已经习惯了电脑写作的考生可以选择机考。但值得注意的是，机考无拼写自动修改功能，考生需注意单词的正确并写。

其实不论机考还是纸笔考，雅思考试的本质是没有变化的，考生只要根据自己的习惯和需求选择相应的考试形式就可以了。不断提升自己的英语实力，才是取得好成绩的关键。

62 为什么说不论出不出国都应该有一份语言成绩？

随着时代的快速变革，对未来感到迷茫似乎成为当代很多大学生的共性特征。关于"史上最难就业季""史上最难考研季"的报道屡见不鲜，面对毕业后人生的重要选择，大家变得更加谨慎，不确定未来是否要出国、考研或是就业。

面对不确定的未来，我们更应该先让自己行动起来。比如说，先手握一份有效的语言成绩，这样无论未来会做出哪种选择，语言的优势都能助你一臂之力。

拥有一份语言成绩，就多一个选择

说到语言成绩，很多人第一反应就是出国留学才需要。确实，语言成绩是留学申请中不可或缺的一部分，它不仅体现了学生的语言水平，更是学生在海外学习生活的一项必备能力。语言作为一种工具，会贯穿于学生留学的全过程。无论是在生活还是在学习上，留学生们首先要面对的就是语言大关的挑战。

那么语言成绩仅仅只能用于留学申请吗？答案是否定的。

从 2015 年开始，国内大学自主招生就开始大面积接受语言成绩，而且会看单科分数，如北京大学、厦门大学、复旦大学等都将语言成绩纳入高校自主招生要求。部分高校甚至对保研申请者提出了明确的语言成绩要求。例如，2023 年上海交通大学就明确表示，保研申请者的英语水平需要达到雅思 6 分或同等语言水平。此外，不少重点高校都陆续出台"硕士研究生外国语免修政策"，如果托福、雅思达到相应标准，就可以获得英语免修资格。由此可见，以托福、雅思为代表的语言成绩已经得到国内外高校的广泛认可。

此外，随着我国综合国力的不断增强，对外开放力度也在不断加大，越来越多的国内高校与海外的知名院校、科研机构签署了合作协议，甚至为学生出国交流设立了奖学金，资助优秀学生参加学校组织的各类国际交流合作项目和相关活动。如果学生想要参与这类交换项目，合格的语言成绩就成了不可或缺的评判依据。

可以说，除了留学申请之外，拥有一份语言成绩可以让学生拥有更多选择的机会，获得更多未来发展的可能性。

拥有一份语言成绩，就多一条出路

在全球化背景下，跨文化、跨语言、跨专业的复合型人才在国际舞台上愈发具有竞争力。不论是国企、外企，甚至是国家机关，都对专业技能优秀且拥有过硬语言成绩的人才敞开怀抱。随着越来越多的省、市及中央国家机关开始对申请者的语言水平提出要求，拥有一份语言成绩对于求职者来说将成为一个重要的加分项。

除了公务员，大部分企业在招聘时也都逐渐开始强调英文工作环境。例如，腾讯、华为、阿里巴巴等知名大型机构，大部分岗位都对申请人在"英语口语、书面流畅沟通，适应跨国、跨文化工作场景"能力方面提出了要求。在收入和待遇都较高的知名外企，为保证员工无障碍英语沟通，已经开始用语言成绩来考核员工英语水平。

当然，可能有些人不喜欢朝九晚五的工作，更喜欢有挑战性、时间更加自由的工作，那么拥有一份语言成绩也有助于更好地实现自己的职业规划。例如，你可以去海外开拓一份属于自己的事业，甚至包括移民海外开始新的奋斗等，都缺少不了语言这个生存的基本工具。可以说，一份优秀的语言成绩，会成为进入不同行业或领域职场大门的敲门砖。

拥有一份语言成绩，就多一双看世界的眼睛

英国著名学者塞缪尔·约翰逊曾说过："语言是思想的外衣。"从表面上看，语言只是一种工具，但通过它，人们的思想得到了充分的表达。

掌握更多的语言，可以让我们不出国门就能领略到来自世界的信息。众所周知，很多外文杂志和书籍是没有中文翻译的，就算有翻译版本，我们也只能通过译者的角度去理解书中的内容，有时候可能会误解原著的本意。掌握另一种语言能够帮助你第一时间接触到最新的消息，增强对世界的了解，使自己的思维和认知一直走在最前沿。

一个人若只懂单一的语言，有可能会影响到自身发展，多掌握一门语言就相当于多了一双看世界的眼睛，打开了一扇新的人生大门。学习语言，更多的是学习一种思维模式，让我们能多一个角度去看待这个世界。同时，也能让我们从更多角度理解、看待自己的文化。

在高度国际化的今天，这种能力可以帮助我们跳脱出局限的视角，用更开阔的格局去审视当下，眺望未来。

说了这么多，其实重要的并不仅仅是拥有一份语言成绩，语言是一个文化载体，是我们去认知、去理解这个世界的一个重要媒介，掌握一门语言会对我们的生活、学习、工作等方面都有极大的帮助，让我们能够更从容地迎接一切可能到来的机会和挑战。

63 如果语言成绩始终不理想，还有哪些其他选择？

托福、雅思等语言考试成绩是留学申请的重要环节，也是海外大学考查学生的重要指标。由于自身学习经历、教育资源的差异，部分学生在语言考试中，会遇到各种难以克服的障碍。在此，我们也为广大留学家庭提供更多的解决方案，帮助大家最终顺利入读理想的学校。

转换语言考试类型

首先，需要打破一个似是而非的观念：雅思只能用来申请英联邦国家的大学，托福只能用来申请北美地区的大学。其实，无论雅思还是托福都受到全球大学的认可，比如牛津大学就明确指出，雅思要求总分 7.5 分，单项不低于 7.0 分；或者托福成绩总分 110 分，听说读写四个单项分别不低于 22 分、25 分、24 分、24 分。

除了常规的雅思、托福之外，其他一些语言类考试，如PTE、多邻国等，也受到全球部分大学的认可，可以替代雅思、托福作为语言成绩的证明。因为考试形式、语音语料、题型等方面的不同，导致这些语言考试在难度、单项考核上有一些差异，学生如果某类考试一直没有达到理想成绩，可以考虑转换其他语言类考试。

提前锁定语言班

英国的绝大多数大学都会设置语言班，这些课程通常会在正式的学位课程之前进行，目的是帮助学生提高语言能力，以便他们能够顺利地进行后续的学习。学生通过语言预科课程的考试，成绩达标后即可顺利入读该大学对应专业的学位课程。语言课程对学生的语言要求会低于常规录取的语言成绩要求。值得注意的是，这些语言课程的名额相对较少，建议学生提前和大学沟通，锁定名额。

在美本申请的过程中，同样有类似的申请政策。如果只是语言成绩未达到直录要求，其他各项均满足院校要求，部分院校有可能给申请人发放有条件录取，即"双录取"。学生获得双录取后入学，将先进入语言学习中心进行学习，顺利通过后即可直接入读本校的本科课程。提供双录取的院校包括特拉华大学、伊利诺伊大学芝加哥分校等。

转换课程赛道

除了常规的国际课程可以申请国外的大学之外，最近兴起一个新的国际型考试——香港中学文凭考试（Hong Kong Diploma of Secondary Education Examination），简称HKDSE。HKDSE 主要包括四个核心科目和两个或以上的选修科目。四个核心科目包括中文、英文、数学、自然科学与社会科学。选修科目则包括艺术、商业、科学、技术等诸多领域。考试成绩以 1 级至 5 级的方式表示，其中 5 级为最高等级。在大部分香港的大学中，进入本科课程的最低要求通常是"3322"，即在四个核心科目中，至少有两科达到 3 级，两科达到 2 级。HKDSE 考试是目前全球唯一一个可以用中文进行答题的国际考试，其英文科目的考试难度低于高考和雅思考试难度，更容易达到 3 分的要求。

另外，加拿大安大略省高中毕业文凭 OSSD（Ontario Secondary School Diploma）的教育过程由安大略省教育厅直接监管，属于"非应试化"教育体系。在最终成绩的评定中，过程性评估占比 70%，考试分数占 30%，更适合不擅长考试的学生。部分国家 / 地区的院校接受 OSSD 学生用 12 年级英语课（ENG4U）成绩替代雅思、托福等标准化语言考试申请。ENG4U 满分是 100 分，对于免雅思的要求，达到 50 分即可。除了澳大利亚的悉尼大学、蒙纳士大学、新南威尔士大学外，中国香港、新加坡同样接受 OSSD 学生用 ENG4U 成绩替代雅思、托福成绩申请。像香港大学对于 ENG4U 的要求是 80 分，另外三所 TOP100 的香港院校——香港科技大学、香港中文大学、香港理工大学对于 ENG4U 的要求是 70 分；新加坡国立大学对于 ENG4U 的要求同样是 70 分。

选择曲线救国类项目

◎ 预科课程

若学生的语言水平一直未达标，还可以考虑用预科课程作为过渡。学生顺利完成预科课程学习，凭借预科课程中的英语课程的成绩即可申请大学。预科课程广泛存在于主流留学国家的高等院校及高等教育体系中，是申请本科的重要方式之一。

美国提供预科课程的院校包括弗吉尼亚理工大学、亚利桑大州立大学等。目前国内预科课程最稳定、运营时间最久的是英国的 NCUK（Northern Consortium United Kingdom）预科课程。NCUK 是由英国一流高校联合创办的权威学术联盟组织，NCUK IFY（International Foundation Year）是专为国际学生提供攻读本科及研究生学位的桥梁课程，其目的在于帮助学生快速弥补高中阶段学习与英国本科学习之间的差距，提升学术英语能力。通过一年的时间，根据本科申请的专业方向，共学习 4 门课程。例如，商科方向为学术英语（EAP）、经济学、数学、商务学；工科方向为学术英语、物理、工科数学、化学。其学术成绩受到英国、美国、澳大利亚、加拿大、新西兰等留学热门国家众多名校的认可，其中包括多所英国罗素大学集团的成员校和澳大利亚八校联盟中的一些成员校。

NCUK 课程中的必修课——学术英语，可以作为雅思、托福等标准化语言考试的替代方案。NCUK 学生在申请本科时，共有 45 所 NCUK 合作大学可以接受 NCUK 学生免雅思申请，只需要提交合格的学术英语成绩即可。

◎ 中外合作办学项目

除了海外大学之外，国内某些大学也提供"2+2"或者"3+1"等中外合作办学的项目，学生可以在本国完成大学前两年或三年的学习，然后再去海外的合作大学完成剩余的学习，学生最后可以拿到国内和国外两个大学的毕业证，如上海纽约大学、西交利物浦大学等中外合办院校。

这些大学的录取主要参考学生的高考成绩，学生进入大学后，可以继续进行语言的学习和考试，语言成绩达标后继续出国深造即可，学生有更充裕的时间进行语言的准备。

◎ 协议转学

根据美国部分州的协议或院校间的协议，学生如果在国内或国外，以线上或线下的形式，完成对应课程和学分的学习并达到要求（具体要求以学校实际情况为准），可通过"2+2"或"1+3"的模式先在其他院校进行学习，再申请转学到目标院校。通过此方式申请到的对应协议院校可免除申请人的标准化语言考试成绩，并且修过的学分也可进行转换，这是一种"曲线救国"的方案。常见的协议转学院校包括加州体系内的大学、普渡大学等。

以上是针对语言成绩始终不理想的学生的各类选择建议，家长可以基于孩子自身情况匹配不同的方式。但是这些方案更像是补救措施，更建议孩子提前进行语言的学习和准备，达到目标院校的标准，为未来的深造做好充分的学术准备。

64 三大国际课程体系之一的 AP，该如何选择和规划？

对于本科留学的家庭来说，学生和家长难免会面临国际课程筹备的难题。作为三大主流国际课程之一，AP 课程具体包含哪些课程？又如何选择与规划呢？

AP 课程是什么？

AP（Advanced Placement）课程是美国大学的先修课程，让学生可以在高中阶段便开始接触大学水平的学习内容。它既是申请大学时的加分项，也是发放奖学金的重要参考标准之一。不仅仅是在美国，AP 课程在加拿大、德国和澳大利亚等 60 多个国家和地区的院校普遍得到了接受和认可。

AP 课程的科目设置紧跟世界产业的最新变化，近年来收获了越来越多国际学生和家长们的关注。

根据学生们感兴趣的一些主流大学专业，AP 考试相应地设置了大约 40 门科目以供选择，大致可以划分为艺术类、历史及社会科学类、科学类、英语类、数学类及计算机科学类、世界语言类这六大类。

为什么要学习 AP 课程？

◎ 为申请锦上添花

AP 课程的难度大致保持在美国大学一年级的水平，要求学生能够具备 college-level analytical skills，即大学水准的分析能力。因此如果能够获得优秀的 AP 考试成绩，是对学生学习能力的有效证明。

此外，由于 AP 课程门类与大学相关专业的联系非常紧密，学生对于 AP 课程的选择是其个人专业兴趣的体现，这种敢于挑战更高层次学科内容和自我认知能力的精神，是海外院校招生时尤为看中的。

◎ 节约时间与学费

因为 AP 课程可以兑换大学的课程学分，所以它能够在一定程度上节约学生本科就读的时间和学费。以美国大学为例，每个学分的费用换算成人民币约为 5,500~13,000 元，那么每兑换一门课程的学分，就能够节省一些本科期间的学习时间，还可以省下几万元的学费，从这个角度来看，学习 AP 课程颇具性价比。

在具体的学分转化要求上，AP 课程的成绩为 5 分制（5 分满分为极优秀，4 分为优秀，3 分为及格），大多数海外院校要求 AP 成绩 3 分就可以接受学分兑换。但诸如哈佛大学、耶鲁大学等顶尖院校的要求会更高，多为 4 分或 5 分。

需要注意的是，即便是同一所院校，不同专业可兑换的学分也并不完全相同。以纽约大学为例，统计学（Statistics）考试 AP 分数最低要求为 4 分，可以兑换 4 个学分；生物学（Biology）考试的 AP 分数最低要求为 4 分，可以兑换 8 个学分。

AP 课程的选择与规划

在 AP 课程的选择上，我们需要明确的是，无论学生未来选择什么专业，海外院校，尤其是北美地区的院校，一般都希望学生能文理兼备。

微积分和统计学是较为基础的数学学科，其重要性不言而喻。英语语言与写作作为文科的基础课程，能够培养学生撰写论文和学术报告的能力，对于学生步入大学后的学习将大有裨益。因此，这门课程成为不少英语能力较好的学生的选择。针对未来大学具体的专业，学生需要根据不同方向所需的不同能力，选择对应科目，例如经济和商科专业，可以考虑选微观经济学、宏观经济学等科目。

凡事预则立，不预则废。无论对 AP 课程作何选择，需要特别注意的是，一旦确定了要学习和备考的 AP 科目，就要对自己的时间有一个合理的规划，从易到难，在 2~3 年内有节奏地完成目标任务。

65 三大国际课程体系之一的 A-Level，该如何准备？

在中国大陆地区，现有的国际课程体系并不少，比较主流的有 AP、IB、A-Level 等。其中，对于想去英联邦国家读大学的学生来说，A-Level 确实是大部分同学的不二之选。那么应该如何准备 A-Level 呢？

什么是 A-Level？

A-Level（General Certificate of Education Advanced Level，普通教育高级证书）是英国教育体系中的中学阶段课程，也是英国大学入学考试课程，类似于我们的高考。英国的 A-Level 考试由七个不同的考试局提供，其中剑桥 CAIE、培生 Edexcel 和牛津 AQA 三个考试局在中国大陆提供 A-Level 课程及考试。三个考试局各自命题，出具的考题具有同等效力。

理想的 A-Level 成绩是进入世界级优质院校就读的基础，像牛津大学、剑桥大学、帝国理工学院和伦敦大学学院这样的老牌名校，会优先录取有 A-Level 毕业证书或同等学力的学生，就连英国皇室成员也要通过该成绩才能申请入读大学。

目前国内很多国际学校、公立学校的国际部，都有开设 A-Level 课程。不同于普高体制，A-Level 课程门类众多，而且选择的空间很大，覆盖了文科、商科、经济、语言、理科、自然科学、艺术、历史等 70 多个方向。同学们可根据自己擅长的方向以及兴趣点选择 3~4 门课程进行学习，这样的设置对于有些偏科的孩子来说，可以有效地扬长避短。

A-Level 考试体系比较灵活，学生既可以选择分阶段考试，也可以一次性报名所有选择的科目考试，而且可以多次报考，选择最好的成绩申请大学即可。这意味着学生将拥有多次机会，在准备申请时也能更加从容不迫。

此外，A-Level 受到全球众多国家高校的认可，美国一些名校还注明提供 A-Level 成绩可以免交 SAT 成绩，并且 A-Level 成绩与 AP 成绩一样，可以换取大学学分。除此以外，A-Level 成绩不仅可以用于申请以英语为母语的国家的大学，还与法国、德国等国本土的高中学历等价。也就是说，学生可以用 A-Level 成绩申请多个国家的多所大学，升学通道更加广泛多样。

A-Level 考试该如何准备？

相对于高考来说，A-Level 难度一般，但考查的知识面很广。那么，该如何规划和准备呢？

　　首先，由于A-Level在教育上的连贯性，其课程科目的选择就变得十分重要，甚至会影响大学阶段申请的专业方向甚至未来的职业规划。如果同学们在中学阶段就萌发了对于未来专业的意向，就需要及时关注目标院校及专业对于A-Level课程相关的要求。某些商科专业要求学生修过数学、经济、会计等科目；如果将来想学习医学，就需要选择化学、生物等课程。这样才能保持学习的连贯性，学校也能够从中看出申请者的专注和决心。因此，需要提前做足功课，抓住申请心仪专业的机会。

　　对于没有明确专业目标的学生来说，最好是通过测试或者平时的学术表现，来判断自己在哪些科目上能拿高分，以便在申请大学和选择专业时留有更多选择的机会。中国孩子普遍理科基础较好，一般会偏向选择自己比较擅长的数理化课程。当然，也有一部分渴望全面发展的孩子，乐于做出更多的选择，学习更多的知识，他们可能会尝试艺术、计算机等有挑战性的课程。

　　其次，是打好语言基础。虽然A-Level考试的科目看起来比较少，但是试卷、学习教材是全英文的，想要取得好成绩，对于母语非英语的学生而言也并不轻松。也正因如此，英语学习在留学申请中的重要性就不言而喻了。

从时间上看，A-Level课程只有两年，但学生想要在高中毕业后无缝衔接英国本科，不仅要取得满意的大考成绩，还要筹备好申请材料、完成语言测试等一系列申请事宜，两年的时间安排可以说是十分紧凑。这对于学生的时间规划能力和自主学习能力都有较高的要求。建议大家规划好考试时间，尽早备考。

整体来看，A-Level对于有些偏科的学生，在教学和考试设置方面更加友好，学生可以更加专注自己感兴趣的方向。需要注意的是，国内很多学校的A-Level课程成立时间较短，可选性较少，甚至有些学校只能选数学、物理、化学等课程。如果家长们有让孩子就读A-Level课程的打算，要注意考察学校所提供的课程能否满足孩子未来的学术发展和职业规划需求。

66 三大国际课程体系之一的 IB，有哪些特别的优势？

作为三大主流国际课程体系之一，在世界范围内，有超过千所大学认可 IB 课程成绩，IB 课程成员学校也遍布世界各大洲。那么，到底什么是 IB 课程？学习 IB 课程有哪些优势呢？

IB 课程是什么？

IB 是国际文凭组织 IBO（International Baccalaureate Organization）为全球学生开设的从幼儿园到大学的预科课程体系，为 3~19 岁的学生提供智力、情感、个人发展、社会技能等方面的教育。IB 课程对英语的要求非常高，是三大主流国际课程中公认的最具挑战性的课程体系，尤为适合想全面提升综合能力的学生去选择。

IBO 有三个课程项目，它们是大学预科项目 DP（Diploma Program）、中学项目 MYP（Middle Years Program）和小学项目 PYP（Primary Years Program）。其中，更为中国学生们所熟知的是大学预科项目 IBDP，它是为高中生设立的国际预科证书课程，作为未来大学学习的重要基石之一，在全球具有很高的认可度。包括哈佛大学、耶鲁大学、斯坦福大学、牛津大学、剑桥大学等在内的众多世界名校都乐于接受 IBDP 课程的毕业生。

课程目标及规划

对于想选择 IBDP 课程的学生来说，需要从语言和文学研究、语言掌握、个人与社会、科学、数学、艺术六个学科组中，选择六门课程进行学习，完成三个核心要求，即创新、行动、服务（Creativity, Action, Service），拓展论文（Extended Essay）和知识理论课程（Theory of Knowledge）。

通常情况下，IBDP 所学的内容和考试成绩将会与申请直接挂钩，后续还可以进行大学课程的学分转换。但 IBDP 所涉及的科目众多，不同的高中会开设不同的课程，很难有一所学校能覆盖所有的课程。所以，选择申请哪一所开设 IB 课程的高中就读，学校是否有自己心仪的课程也很重要，需要提前了解，做到对症下药。

在成绩考核方面，IBDP 课程有自己的评分系统，满分为 45 分。以美国大学录取为例，总成绩在 38 分以上会更有竞争力，而申请常春藤大学的学生，分数如果能达到 40 分或以上，录取概率会更大。因此，尽早预习和筹备 IBDP 的考试内容，先人一步进入申请状态是重中之重。

IB 课程的优势

高分成绩及出色的软实力是冲击名校的标配，IB 课程之所以受到中国学子的欢迎，与其突出的优势密不可分。

首先，最值得一提的是，IB 课程能够有效提升申请人的个人竞争力。英国高等教育统计局（HESA）的一项研究表明，与其他具有类似资格的学生相比，IBDP 文凭的毕业生更有可能进入英国排名前 20 的大学和学院，被美国最负盛名的 10 所大学录取的概率也更大。

再者，IB 课程的学习有助于学生个人的长期发展。该课程内容丰富，涵盖了语言、人文、科学和数学，不但在很大程度上保障了学生对知识理解的广度和深度，还能够帮助学生在批判性推理、独立式思考、探究式学习、创造性解决问题和时间管理等方面打下坚实的基础。这些技能在学生日后的学习或工作中，都拥有着巨大的价值。

互联网的发展使得获取知识的途径越来越多，而 IB 课程体系不仅提供知识，还能够在高中阶段，有效地帮助学有余力的学生培养良好的学习习惯，让他们有热情和勇气在毕业后继续学习，通过创造力去开拓更美好的明天。无论他们未来的选择如何，这些珍贵的品质和能力都将有用武之地。

67 "美国高考" SAT/ACT 对申请美国高校是否必要？

有 两种考试被称为"美国高考"，即 SAT（Scholastic Assessment Test） 和 ACT（American College Test）。由于之前受疫情影响，大量考生无法按时参加考试，为了公平起见，部分美国大学不再强制要求申请人提交 SAT/ACT 成绩，这也就是所谓的"Test-Optional"政策。那么，对于想要申请去美国读本科的同学而言，现在还要不要提交 SAT/ACT 成绩呢？

部分院校已恢复成绩提交要求

事实上，目前一些美国高校已经逐步恢复了 SAT/ACT 成绩的提交要求。其中，麻省理工学院（MIT）便是第一所重启 SAT/ACT 提交要求的美国顶级高校。该校招生官 Stuart Schmill 在社交媒体上公开透露，标准化考试具有一定的公平性和透明度，能够协助学校判断学生是否做好了挑战 MIT 教育的充分准备，也能对其真实的学术水平进行有效的评估。

美国大学理事会（College Board）也曾就此进行过相关研究，指出 SAT 等标准化考试成绩与大学 GPA 具有正相关性，能够在一定程度上预判学生的大学学术成绩，标准化考试成绩越高的学生在接下来的大学课程中有可能表现越好。

紧跟着麻省理工学院的脚步，佛罗里达大学、普渡大学、乔治城大学、佐治亚大学等多所美国高校也接连宣布，要求学生提交 SAT/ACT 的考试成绩。与此同时，在疫情后一直采取 "Test-Blind" 原则的加州系大学，虽然在录取时完全不参考 SAT/ACT 成绩，但如果学生提交了 SAT/ACT 的高分成绩，就可以免除加州系大学的入学考试。

另外，还有部分美国院校，例如密歇根大学安娜堡分校、纽约大学、罗切斯特大学等发布了 "Test-Flexible" 政策，指的是申请人必须提交标准化考试成绩，但可以选择提交 SAT/ACT/AP/IB 中的任意一项考试的成绩。

学术能力的有效证明

从这些学校不断释放的招生录取政策的信号中，我们不难预测，会有更多的美国高校倾向于看到学生提交标准化考试成绩。标准化考试成绩依旧是证明学生实力的重要方式之一。

这也是为什么虽然目前还有很多院校依旧在实施 Test-

Optional 政策，但现阶段仍然有很多学生选择提交 SAT/ACT 成绩，他们都希望以此为自己的申请增加一个有力的砝码。通用申请（美国大学本科入学网上申请的一站式平台，简称 Common App）美国大学申请报告中的数据显示，在 2020–2021 年申请季中，SAT/ACT 考试提交率在 49% 左右，2021–2022 年提交率上升到 53%，2022–2023 年度的提交人数更是比上一年增加 1 万人。

可以预见到的是，随着美国知名院校申请难度的不断增加，排名越靠前的学校，SAT/ACT 成绩的提交率会不断上升，学生提交的成绩也会越来越高。

总之，美国大学在筛选学生时会进行多方位的综合评估，SAT/ACT 成绩是最能够代表学生综合能力的考试之一，可以对学生的院校背景和 GPA 成绩进行补充。所以，对于想申请美国本科，尤其是美国名校的学生来说，还是要多加重视，下足功夫，积极为考试做好充分的准备。

68 | GRE 和 GMAT 两种 G 类考试，你能分得清吗？

近些年，越来越多的同学在国内读完本科之后，选择出国读研深造，继续攻读硕士学位甚至博士学位。在申请硕博留学时，除了绩点水平（GPA）和语言成绩（托福/雅思）之外，有时候还需要根据自己的目标留学国家以及心仪专业的要求，来准备 G 类考试，也就是常说的 GRE 和 GMAT。那么，你能清楚区分这两种考试吗？

GRE vs GMAT

GRE（Graduate Record Examination）被称为研究生入学考试，一般来说适用于申请世界范围内的理工科、人文社科、商科、法学等多个专业的硕士、博士项目，性质类似于我国每年 12 月底的"考研初试"。而 GMAT（Graduate Management Admission Test）是全球唯一的专为商科和管理专业研究生入学设计的标准化考试，适用于美国、英国、澳大利亚等国家的商业、经济和管理等专业的研究生申请。

也就是说，GRE 的适用面更广，但如果目标是商业、经济和管理等专业的研究生，一纸优秀的GMAT成绩显然更受认可。

除了最明显的适用专业的区别以外，GRE与GMAT考试的内容结构也有所差异。GRE包含分析性写作、言语推理和量化推理三个部分，我们可以简单理解为作文、阅读和数学；GMAT还多了一个部分，即综合推理（改革后归入GMAT Focus Edition数据洞察部分），也属于数据推理试题，因此GMAT的数学难度会比GRE更高一些。因此，根据考查内容的设置，GRE和GMAT还可以确保申请学生具备攻读研究生课程所需的批判性思维和分析性推理能力。

跟我们所熟悉的传统考试不同，这两个考试都是机考，都具备难度自适应的特点，即后面题目的难度系数是由前面题目的答题结果来决定的。前面题目做得越好，后面的题目就会越来越难，分数也会相应更高。不同于雅思、托福等语言能力测试，GRE和GMAT会更加侧重逻辑层面的考查，语言和逻辑的结合性更强，因此也需要较好的语言基础。所以建议同学们在准备标准化考试时，先备考雅思或托福，把语言基础和词汇基础打牢，再备考GRE或者GMAT。

GRE和GMAT如何选择

目前，两种考试的适用范围重合的越来越多，如果想出国读硕博，那么到底是考 GRE 还是 GMAT 呢？

选择哪一种考试要根据目标院校和专业的要求来决定，不同院校或专业对于 G 类考试的要求都不太相同。在确定了自己要报考的学校和专业之后，可以通过学校官网查看目标专业的申请要求，官网上会写得很清楚，是需要提供 GRE 还是 GMAT 成绩，分数需要达到多少。

如果还不确定自己要申请哪个专业，没办法通过对标学校的专业申请要求进行判断的话，在自身精力只够准备一种考试的情况下，GRE 便是个"万金油"选择，它的适用范围更广，大部分专业都会要求学生提交 GRE 成绩；但若致力于申请沃顿商学院、伦敦商学院等顶级商学院的 MBA 等项目，就可以考 GMAT，因为 GMAT 得到更多商学院的认可，也通常更受知名商科项目的青睐。

此外，近年来不少院校开始同时承认 GRE 和 GMAT 成绩，比如牛津大学的金融经济硕士项目、剑桥大学的管理学硕士等诸多英国顶尖院校的商科项目，均要求申请者递交"GMAT or GRE"成绩。面临这种情况，同学们也可以根据自己的能力来选择适合的考试，从而更高效地考出可用的成绩。一般来说，GRE 对词汇量和语言能力要求更高，而GMAT 更重视考查学生的逻辑思维，对数学能力要求偏高。在目标专业均接受 GRE 和 GMAT 成绩的前提下，词汇量大或者擅长背单词的同学考 GRE 是更优的选择，而逻辑分析能力强、擅长数学的同学选择 GMAT 更容易获得出彩的成绩。

总体而言，两种 G 类考试各有其特点与适用性，建议同学们提前了解目标学校和专业的具体要求，有针对性地准备考试。如果目标专业的申请要求表明，GRE 与 GMAT 成绩皆可，那么可以在判断清楚自身优劣势的基础上，选择一门更适合自己的考试，从更好地发挥优势、规避风险，事半功倍地拿到出色的成绩。

69 不同英语水平的学生，如何科学准备留学考试？

准备留学考试，既要打好英语基础，又要熟悉考试要求。具体的学习方式应在留学目标明确的基础上，根据个人的英语水平、学习能力和时间安排进行调整。接下来，我针对初级和中级英语水平的学生，提供一些相应的备考建议。

初级英语水平学生的备考

初级英语水平的学生，相对来说英语基础较为薄弱，这往往并不是因为他们学不会，而是缺乏对英语学习的兴趣和动力。如果过度强调对大量单词和语法规则的记忆，可能会适得其反，抑制学生的学习热情。家长和学生在制订备考计划前应该进行充分的沟通，明确留学的方向和目标，让学生明白，学习英语并非只为了考试，而是为了进入理想的大学和专业，这样能够增强学生的学习动机。

从学习策略的角度来讲，学生可以参考专业的语言培训机构的课程规划，按照自己的实际情况制订合适的学习计划。

英语学习是一个从量变到质变的过程，前期的投入较大，提升较慢，但当达到一定的学习水平后，分数会有明显的提升。不必在学习前期频繁参加考试，以免因为成绩不理想而打击学习积极性，而应该从长远角度进行规划。我们可以将一个课程的结课测试作为一个短期目标，通过阶段性测试和结课测试来了解学生的学习进度以及学习动力是否有所增强。同时，在英语学习的初期，除了注重课堂学习之外，应该鼓励学生在课外多接触英语，比如将手机语言设置为英语，听一些与自己兴趣相关的英语播客等。

语言的学习是熟能生巧的过程，虽然学习新内容重要，但更关键的是反复练习。在选择英语课程时，应关注课程中的练习比例，因为只有通过持续的实践才能了解学生的掌握程度和需要提升的地方。

许多家长可能会要求学生背诵额外的单词，如果学生有能力吸收，那当然好，但更优的做法是先熟悉课程中的词汇表，除了理解单词的含义外，更重要的是如何在合适的场景正确使用这些单词。许多学生认为应先将听力和阅读训练到极致，然后再进行写作和口语的输出；但实际上，对于英语基础一般的学生而言，前期的写作模仿和口语跟读可能更易上手。通过跟读和背诵，能很好地培养英语语感。

中级英语水平学生的备考

对于有一定英语水平的学生来说，备考的难点在于语言的大量输入。在还没有达到质变前，考试成绩往往很难实现较大的突破。对于这类学生，家长需要给予心理上的支持，不要过分关注孩子犯的错误，而应以鼓励为主，让孩子对已学习的内容温故知新，并与其共同制定改善的策略，比如使用单词本和错题本等。

除了单词和语法外，国际英语考试更看重语言在听、说、读、写中的运用。例如，学生是否能提炼音频的主要内容，理解单个句子在文章或段落中的功能等。因此，在课程中，除了熟悉考试题型和答题流程外，更应注重技能的重点训练。在选择课程时，可以特别关注课程如何帮助学生提升这些技能，而不只是考试技巧。同样，我们可以通过阶段性测试和结课测试来了解学生的学习进度。此外，建议学生在课程结束后参加实际考试，但家长和学生需要明白，这不是最终成绩，而是一次面对考试压力的训练。

在复习阶段，复习内容应主要以考试题目为主，技能练习为辅。首选的复习资料应为官方确认的真题内容，避免盲目相信市面上所谓的"机经"，因为这些题目来源不明，可能被改动，与官方题目的考点并不一致。

70 去欧亚小语种国家留学，必须要学小语种吗？

随着人们对留学的态度越来越理性，越来越多的学生不再把视线局限于英、美这样的留学热门国家。极具文化底蕴的欧洲和相邻的亚洲也以其多元化的留学选择、含金量高的文凭、相对较低的留学费用，吸引了不少学生的关注。那么，到欧亚国家留学，是否就意味着必须学习当地的语言呢？

方便快捷的英文授课项目

事实上，除了德国、法国、西班牙和意大利之外，大部分欧洲国家如荷兰、爱尔兰、芬兰、瑞典、挪威等，大多是全民英语教育，本国国民英语的普及度也非常高，高校开设了众多英语授课的课程项目供国际学生选择，基本能够满足中国留学生用英语去这些小语种国家留学的需求。这些项目通常并不要求学生一定掌握本地语言，即使需要掌握，要求也较低。

荷兰是欧洲第一个开设英语授课课程的国家，有 80% 的硕士课程、50% 的本科课程均使用英语授课。以被誉为"欧洲的麻省理工"的代尔夫特理工大学为例，研究生阶段仅有几门课程的分支涉及荷兰语教学，校园整体的使用语言都以英语为主。

此外，德国、法国等国的高校国际化程度也比较高，会有英语授课项目和当地语言授课项目之分。比如去德国读商科，基本上都是英语授课。法国提供了超过 1500 种英语授课科目，涵盖各学科领域以及各教育阶段，选择这些课程，不管是签证程序还是学校的申请程序，都不需要提供法语水平的认证。

如果想去我们的近邻日本留学，不会日语也不是硬伤。日本政府为了吸引优秀的外国学生赴日留学，专门开设了大学英文授课课程"SGU 项目"，即 Super Global University（超级国际化大学），这对于那些想去日本接受高等教育却没有日语基础的同学来说，十分有利。目前日本有37 所一流的大学支持该项目，最受中国留学生青睐的东京大学、京都大学、大阪大学、东北大学等都被囊括其中。

诸多利好的小语种

尽管英语是国际通用语言之一，但在某些国家，掌握一门小语种的优势也很明显，尤其是对于去欧亚小语种国家留学的学生来说，掌握当地的语言，意味着在各方面都将拥有更多的机会。

最为明显的优势是，留学生可选的专业方向更多了。像德国、法国、意大利等国家，高校开设的课程项目大部分还是以本国语言授课为主，英语授课的专业方向较为有限，掌握当地的语言在选择院校和专业时空间都更大。

例如，在艺术方面具有颇高造诣与成就的意大利，其美术学院和音乐学院中的所有专业均为意大利语授课。值得一提的是，欧洲部分国家，如法国、德国、意大利、西班牙等国的公立大学通常会免收学费，学生只需要支付注册费和生活费，但前提是选择本地语种授课项目，而英语项目则会收取学费。也就是说，学习小语种对于想去这些国家就读的学生来说，是更具性价比的选择。

考虑到未来就业的问题，多掌握一门语言在实习、求职时也具有无可比拟的优势。例如，一些留学目的国当地的实习机会很多，许多大型的世界500强企业非常愿意接受熟练掌握小语种的留学生。在"一带一路"等政策的推动下，越来越多外企进入中国市场，国内社会发展对人才的需求也更加多样化，具有欧亚国家留学背景，并拥有小语种特长的人才在就业市场上会更加吃香。

总而言之，是否需要学习小语种，我们可以简单地理解为是由学生想选择专业的授课语言决定的。但既然选择去一个陌生的国度留学，还是建议大家学一些基础的当地语言，除了对求学和职业发展有好处，对于更好地了解留学目的国的人文风情、融入当地的文化也大有裨益。

第五章 艺术留学：
另辟蹊径的个人发展赛道

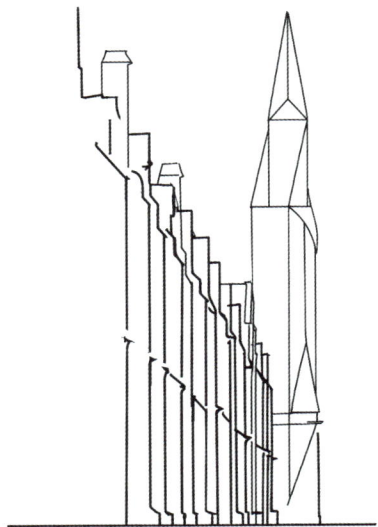

71 艺术留学这几年为什么越来越火？

根据《2023 年美国门户开放报告》显示，中国在美留学生中共有大约 1.8 万名学生选择艺术相关专业，占所有人数的 6%；新东方发布的《2023 中国留学当皮书》的数据也显示，艺术类专业以 9% 的占比，成为仅次于工程、经济学、管理学专业的本科留学第四大热门专业，远超医学、法学、语言类等。

为什么越来越多的留学家庭不约而同地选择艺术留学？选择艺术留学的升学赛道会为孩子们带来哪些优势呢？

更灵活的升学路径

跟传统留学相比，艺术留学会有更多的升学选择。例如，一般的专业在选择目标学校的时候，无论去美国、英国，还是加拿大、澳大利亚、日本等国家，能够选择的学校类型比较单一，绝大部分都是综合类大学。

然而，对于选择艺术赛道的同学来讲，既可以选择综合类大学开设的艺术专业，还可以选择一大批非常知名的艺术类院校，升学路径更加灵活。据统计，美国有 300 余所艺术学院，常规的设计及视觉艺术细分专业有 140 多个，音乐及表演艺术也有逾 130 个细分专业。这些艺术院校是艺术留学当中非常重要的选项。

专业更加细分，选择空间大

相比于传统留学的专业，艺术留学有更细分的专业方向可供选择。英美等国家的知名艺术学院，在设立学科的时候，把艺术专业的门类划分得非常细。因此，选择艺术类专业的同学，可以深度了解这些专业，找到跟自己爱好、优势相匹配的细分专业。

此外，根据数据调研发现，这几年对艺术类细分专业的选择，人数变化比较大。以前选择服装设计、插画设计、动画设计、平面设计、建筑设计的占比较高，但这两年选择工业交互、游戏动画、空间景观建筑等专业的人数越来越多。这与当下和未来五到十年整个产业的发展趋势有关。

英国的大学和学院招生服务中心（UCAS）申请委员会每年会发布数据，统计到英国读本科的同学中，选择艺术类专业的占比。在 2023 申请季，设计、创意和表演艺术专业申请人数共有 261,840 人，位居全部专业申请人数 TOP4。从某种意义上讲，艺术留学已经不再是小众的选择，正在成为主流。

艺术留学的录取更"友好"

学习艺术的同学，如果在中国参加艺考，考上中央美术学院或中国美术学院的难度非常大，竞争无比激烈；但如果放眼全球就会发现，跟中央美术学院、中国美术学院排名接近的学校非常多，且不说录取难度可能会低很多，至少筛选标准就有较大差异。

国外院校在招生时会更看重学生的综合实力，如领导力、创造力、社会责任感、求知欲、自信心、批判性思维等能力，而选择艺术留学的同学在作品集、文书、背景活动的呈现中，可以很好地体现这些能力，使其成为录取中突出的优势。

艺术思维助力事业发展

出国留学费用少则二三十万，多则上百万，毕业后的就业前景成为大部分家庭必须考虑的问题。

学艺术的同学们经过大学或研究生阶段的学习，未来职业发展前景十分可观。例如，学习游戏动画、工业交互等专业，无论在国外还是国内，机会都非常多。这些专业所涉及的行业在全球范围内都有蓬勃发展的趋势，对人才需求量非常大。

艺术类专业毕业的学生，经过几年严格的训练，会掌握一套发现问题、分析问题和解决问题的思维和能力。有了这样的基础技能后，未来即使不从事跟艺术相关的工作，也可以迁移到其他领域发展。

目前，艺术留学已经得到了越来越多家庭的认可，选择艺术留学赛道可以帮助更多的同学实现"藤校梦""G5 梦"，毕业后获得良好的发展机遇。可以预见，艺术留学未来将成为更多家庭的选择。

72 国外的艺术教育有哪些特色？

随着物质水平的提升，人们越来越追求精神世界的丰富。近年来，出国学习艺术成为不少学生的选择。那么，国外的艺术教育有哪些特色呢？我们应当如何看待席卷全球的艺术留学热潮呢？

国外艺术教育的特色

国外艺术教育的特色主要体现在以下四个方面。

一是在视野与思维层面，国外艺术教育重视原创性和创新性的表达、全球化视野和批判性思维。

在国外的艺术课堂上，老师希望学生能够打破标准化、模型化和模式化的思维枷锁，师生间会互相讨论、辩驳、补充。在这一过程中，学生会逐渐明白艺术没有固定的标准答案，伟大的作品也离不开细节的完善。老师会鼓励学生做自己喜欢的事情，同时引导学生从所学专业思考这件事情，并最终通过自身经历、市场调研等方式，将这些思考用艺术作品展现出来。老师不希望所有的学生的想法都是一样的，而是希望每个人都能在课程中找到自己的方向。

二是强调沟通交流与艺术表达。很多院校大一阶段会设置综合类课程，学生不仅可以接触到其他艺术专业的相关知识，还可以与其他专业学生一起上课。老师鼓励不同专业间的学生沟通交流，学生也会有参与跨学科项目的机会。

此外，艺术表达也非常关键。有些学生并非绘画水平多么高超，软件操作技巧多么精湛，而是有自己的想法，能通过艺术作品表达自己的思考，体现自己的独特性。这种艺术表达能力是国外艺术教育非常看重的。

三是艺术学习不止于课堂。国外的艺术教育一大突出特点是艺术课堂"无边界"。学生除了能在课堂上收获老师传递的知识以外，还有非常多的实践机会，将自己的创作想法落到实处。学校往往也会与当地的艺术展馆、博物馆、音乐戏剧院等机构合作，为学生提供广阔的艺术实践平台。

四是教学要求严格。有些人总觉得学习不好的学生才选择学艺术，其实并非如此。在国外学艺术需要非常用功和努力，每门课程每个学期都要完成若干个项目作品，在主修课程数量多的学期，可能就要完成十几个项目作品。

学校对艺术类专业的学生要求很严格，学生的专业课程和通识课程都要达到很高的水准。有的老师会在课堂上点评学生的作品，直接指出作品的不足，还有的甚至会在课程期末考评中给出不合格的评价。因为学校认为，学生只有在校期间打下良好的艺术基础，才有能力在未来从事更高层面的艺术创作。

突出重围的艺术留学

放眼世界，有众多的艺术院校和专业可供选择。有志于艺术道路的学生，既可以冲刺伦敦艺术大学、加州艺术学院、普瑞特艺术学院、纽约视觉艺术学院等世界知名艺术学院，也可以选择优质综合类大学的艺术类项目，如康奈尔大学的建筑专业、纽约大学的电影专业、南加州大学的动画专业、卡内基梅隆大学的交互设计专业等。

随着中国艺术与创意设计产业的发展，艺术留学在专业选择上也愈发多元。以往大家会更多选择服装设计、插画设计、游戏、动画等专业，而现在，诸如音乐、工业交互、电影等更多的专业被大家所看见。

值得一提的是，很多零基础或者非艺术相关专业的学生也加入艺术留学的行列，他们中的很多人会选择时尚管理、时尚买手、时尚营销等专业。此类专业在国内市场处于萌芽状态，随着市场的不断成熟，相关产业的市场需求也会不断增加。

从某种意义上讲，中国留学生出国接受艺术教育并非当下才有的趋势。中国高等教育艺术专业的发展过程，其实正是走出去看世界、不断学习、取长补短的学习历程。梁思成当年从宾夕法尼亚大学学成回国，建立了中国现代的建筑学专业；孙明经 1940 年赴美考察，1941 年回国后，在金陵大学首创电影与播音专修科，开创了中国电影学科的高等教育；柳冠中 20 世纪 80 年代留学归国之后，筹建了国内第一个工业设计系——中央工艺美术学院（后为清华美院）的工业设计系。

今天，优质的艺术院校更加注重培养学生的创新能力、跨文化工作能力和跨学科工作能力，越来越多的项目设计活动会涉及多个专业领域的调研、情境分析、设计思维发散。例如，一件智能可穿戴的衣服可能会涉及工业设计、人机交互、服装设计等多种专业学科的知识和技能。

当前，中国艺术市场有着巨大的发展潜力。正如《福布斯》全球版副主编范鲁贤在"中国设计师的黄金时代"的演讲中说的那样，这个时代不仅仅是设计的黄金时代，也是财富创造的黄金时代。我们期待越来越多的设计人才，能在全球化的浪潮中展现自己的精彩。

什么样的孩子会选择申请艺术院校？

艺术院校着重培养学生的艺术专业能力，在校园设施、专业配置、资源支持上，艺术院校能够给予艺术生更为精准的帮助。那么通常什么样的孩子会选择申请艺术院校呢？

兴趣广泛，具备跨学科思维的孩子

选择申请艺术院校的学生，大部分都对艺术有追求，想接受更加国际化的艺术教育。但这并不是说学了某个艺术专业，就不用学习其他学科的知识了，现在艺术院校对学生综合能力的培养也格外重视。

例如，美国帕森斯设计学院针对大一学生，会开设广泛的综合类课程，也会让不同专业的学生一起上课，这主要是为了让学生能够学习广泛的知识，在未来的跨学科合作和学习上事半功倍。

美国罗得岛设计学院还有专门的跨学科课程，比如计算机、技术与文化，自然－文化－可持续研究等。像计算机、技术与文化这门跨学科课程，会让学生们了解用编程语言写作的理论和技术，同时参与有关软件系统、计算平台和塑造社会的相关技术的批判性分析，以此来磨炼学生通过编写代码设计和制作艺术作品的能力。

很多知名艺术院校在招生时候都强调，希望学生的艺术作品集不局限于绘画、摄影等单一形式，可以是多种形式，比如短片、新媒体作品等。我们可以很明显地感受到，越是优秀的艺术院校，越不希望学生只会一种创作形式，而是希望他们拥有广泛的兴趣，保持对事物的求知欲和探索欲，尽可能多地学会不同的创作形式，发现并表现自己的多样化的潜能。

所以选择艺术院校的孩子常常并不是只钻研某一方面，而是对艺术各领域都有浓厚的兴趣，且愿意尝试，渴望表达，愿意融合各领域的知识进行创作。

语言、学术成绩偏弱的孩子

还有一些孩子，想申请英美名校，但是语言、学术成绩偏弱，录取竞争力偏低，但他们对艺术领域有兴趣，善于观察，思维敏锐。这类孩子也会考虑申请艺术院校，因为相较学生的学术成绩，艺术院校更看重艺术表达能力和作品集的质量。

值得注意的是，英国和美国的艺术院校对学术成绩的要求不尽相同，同学们可以根据自己的语言成绩和语言考试准备时间来区分对待。如果语言成绩能到达到院校标准，且在准备过程中能够兼顾作品集，可以考虑申请美本艺术院校。如果语言成绩欠佳，或者将更多的时间与精力分配到作品集准备上，可以考虑申请英本艺术院校。

还有一类孩子，在普通高中就读，成绩比较优秀，同时艺术能力也还不错，有时也会考虑申请艺术院校，避开竞争更加激烈的常规升学赛道。

总的来说，艺术院校有着自己独一无二的优势，而且现在很多艺术院校都在培养学生的综合能力、运用数字化工具的能力。这也让艺术院校的毕业生有着不输于其他类型大学毕业生的批判性思考能力、创意思维能力以及多角度看待事物的能力。

74 有哪些知名的艺术留学国家及院校？

对于想要出国留学朝艺术方向发展的学生来说，国家和院校的选择是至关重要的。作为艺术教育领域最具代表性的排名之一，QS 世界大学艺术设计排名是国内家长和学生们选校的重要参考。在 2024 年 QS 世界大学艺术与设计排名中，TOP30 院校仍以英美院校为主。下面就为大家介绍一些知名的艺术留学国家和院校。

英国：古典与现代的结合体

英国作为历史悠久的艺术大国，古典艺术氛围相当浓厚，其音乐、电影、文学、时装设计等专业一直深受来自世界各地的艺术留学生的喜爱。其中，最有代表性的院校就是有着"全球艺术家和设计大师摇篮"美誉的皇家艺术学院。

皇家艺术学院是历史最悠久的艺术院校之一，培养出众多享誉全球的艺术家与设计师，包括工业设计师詹姆斯·戴森、艺术家大卫·霍克尼、奢侈品品牌博柏利（Burberry）现任创意总监克里斯托弗·贝利、好莱坞电影导演雷德利·斯科特等。

皇家艺术学院是全世界唯一一所全研究制的艺术学院，不开设本科教育课程。在研究生读书期间，学生有更多的时间实验和尝试自己的艺术风格，探索个人兴趣，挖掘个人潜力。

英国在艺术领域的另一大特色，便是有很强的学术创新性。这里的高校不仅设有种类繁多的艺术课程，还开设了很多边缘学科和跨学科课程，很多专业都处于全球领先地位。例如，伦敦艺术大学就是各种艺术风格的集大成者，该校拥有 6 个学院以及 4 个研究所，设置的艺术相关专业超过了200 个，不同学院的艺术风格也大相径庭，所侧重的专业方向也有所区分。

此外，英国有着星罗棋布的博物馆和画廊，艺术活动也非常丰富，像伦敦时装周、爱丁堡艺术节等都是让留学生开阔眼界、感受多元文化、提升审美的好机会。

意大利和法国：文艺复兴的发源地

到欧洲国家留学算是相对小众的选择，但欧洲却是西方艺术的灵魂所在。作为古典艺术的发源地，这里涌现出大批著名的艺术家、画家和设计师，具有独特的艺术设计理念和魅力。丰富而浓厚的艺术氛围也造就了诸多为人熟知的人文艺术圣地，如位于佛罗伦萨的花之圣母大教堂、法国的巴黎圣母院等都是人类文明的瑰宝。

意大利作为文艺复兴的起源地，其美术学院实力超群。其中，位于历史名城米兰的米兰布雷拉美术学院是当前意大利最高级别的高等艺术院校，代表着意大利艺术教育领域的最高水平。此外，佛罗伦萨美术学院、博洛尼亚美术学院的纯艺（油画、版画、雕塑、插画等）专业也是实力强劲。值得一提的是，佛罗伦萨美术学院不仅历史悠久，拥有实力一流的专业，其所在城市佛罗伦萨几乎汇聚了全球最优质的画商，而这也让佛罗伦萨美术学院声誉卓著，仅凭这一点，很多院校只能望洋兴叹。

法国的纯艺专业水平同样世界一流，但其更为知名的莫过于时尚设计相关方向。众所周知，法国是全球时尚高级定制界的风向标。简奴·朗万、加布里埃·香奈儿、皮埃尔·巴尔曼等法国时装设计师都是高级定制界的知名人士。巴黎的大小时装周和各大品牌发布会都会吸引世界各地的记者和名流前来观赏。

在这样的氛围之下，法国巴黎时装学院（IFM）作为时尚设计界的翘楚，成为法国服装设计领域的天堂，是所有想要创建服装品牌的设计师的梦想院校。在这里授课的老师都有着丰富的实践经验，香奈儿、迪奥、阿玛尼等国际知名奢侈品品牌的高层，会被特邀亲身传授前沿的时尚理念和经验。从这里走出来的学生也有更大的概率进入法国知名时装屋工作。

美国：艺术留学界的后起之秀

美国的艺术教育成就主要集中在现代艺术领域，在专业的开设上也侧重于此。受到其政治与经济体制的影响，这里潮流文化迭代快速，传统与前卫交融，时尚品牌众多，艺术设计整体更具先锋性，注重商业化和市场需求。

美国的艺术街区和小镇是一大特色，除了设有美术馆、画廊之外，其建筑本身也充满了美学价值。比如纽约的创意街区 SoHo、得州的达拉斯艺术区、加州的艺术小镇卡梅尔等，都是学生们平时寻找创作灵感的绝佳场所。

位于美国罗得岛州的罗得岛设计学院被称为"艺术界哈佛"，学校走出了很多优秀的艺术家和设计师。罗得岛设计学院的校区与布朗大学相连，两校可以共享师资与教学资源。同时两校学生也可以申请互选课程和双学位，有时候还会一起举行活动和联谊。所以无论在专业实力，还是在院校提供的各种资源上，罗得岛设计学院都具备不可比拟的优势。而在时尚领域，帕森斯设计学院应该是纽约最受欢迎的明星学校，作为世界四大时装设计学院之一，从这里走出的服装设计师占领了时尚界的大片江山。

作为教育大国，美国的艺术院校教育资源非常丰富，不仅在艺术设计领域实力强劲，在音乐方面也处于领先水平。

在古典音乐领域，茱莉亚学院和柯蒂斯音乐学院在美国绝对是顶尖水平的存在。茱莉亚学院被称为"音乐界的哈佛"，常年盘踞在 QS 表演类艺术院校的榜首位置，培养了众多艺术大师，如马友友、吕思清、大卫·葛瑞特等。

柯蒂斯音乐学院建校时间比茱莉亚学院稍晚，但实力毫不逊色，里面的大部分老师都是美国知名表演艺术家。值得一提的是，柯蒂斯音乐学院对所有学生都提供全额奖学金，这在美国也是非常少见的，因此录取也非常严格，学生人数常年保持在 160 个左右。世界著名小提琴家、作曲家萨缪尔·巴伯、中国当代著名钢琴家郎朗，以及被誉为"美国 21 世纪天才小提琴家"的希拉里·哈恩等均毕业于此学校。

在现代音乐领域，伯克利音乐学院、曼哈顿音乐学院都是非常有影响力的院校。近年来，中国有不少知名歌手和音乐人在伯克利音乐学院学习过，如王源、欧阳娜娜等。曼哈顿音乐学院则专长于爵士乐，在爵士乐领域非常有名，喜欢爵士乐、即兴弹奏和现代音乐制作的学生可以考虑这所学校。

除了以上这些独立的音乐学院，美国很多开设在综合大学里的音乐学院同样颇负盛名，例如耶鲁大学音乐学院、约翰斯·霍普金斯大学皮博迪音乐学院等。这些音乐学院通常会对学生的综合能力要求比较高，录取竞争也非常激烈。

日本：动漫设计全球闻名

日本的动漫产业相当发达，动漫设计等专业一直引领着世界的潮流，众多耳熟能详的经典之作风靡全球。作为中国的邻国，日本因与我们一衣带水、文化相近，成为众多想学习艺术的学生的意向留学目的地。

其实除了动漫，日本的设计类专业在世界也占有一席之地，如建筑设计、工业设计、产品设计、平面设计等。这些领域都诞生了很多闻名世界的设计师，如无印良品的艺术总监原研哉，时装设计大师山本耀司、三宅一生，世界知名建筑设计师安藤忠雄、隈研吾等。

日本在艺术方面还有一大特点，那就是注重工艺，主要体现在我们所熟知的匠人工艺方面。工艺类专业一般会涉及陶瓷、雕刻、锻造、染织等，所以如果学生对手工工艺比较感兴趣，去日本留学会是个不错的选择。

在院校选择方面，国立院校中的东京艺术大学，以及私立院校"东京五美"中的武藏野美术大学和多摩美术大学都是广受留学生欢迎的大学，实力强劲，申请难度也比较大。此外，还有一些关西的美术大学，如京都精华大学、大阪艺术大学等也都因其所在地域而具有一定优势。

新西兰：艺术与个性碰撞的殿堂

新西兰有着举世闻名的自然环境和绝美风光，是很多好莱坞大片的取景地，这种优势和特色也塑造了这个国家注重创造性和独特性的艺术文化。随着电影业的不断发展，新西兰的动画设计产业也蒸蒸日上，其动画、CG制作技术在世界上名列前茅，有"好莱坞的后花园"之称。其中，新西兰媒体设计学院的3D动画专业、视觉特效专业，以及游戏相关专业均排名靠前，学历学位全球认可，在这里就读的众多学生都曾参与《阿凡达》《霍比特人》《金刚》《指环王》等国际知名影片的后期制作。

加拿大：艺术魅力值拉满

加拿大的本科教育通常被归为通识教育，研究生教育则属于精英教育。在艺术教育方面，加拿大拥有在世界排名中表现出色的艺术院校和综合类大学，拥有相当丰富的艺术教育资源和浓厚的艺术氛围。

首先是四大著名的艺术设计院校，即艾米丽卡尔艺术与设计大学、诺瓦艺术与设计大学、阿尔伯塔艺术大学、安大略艺术设计大学。它们是加拿大艺术专业的摇篮，也是世界领先的艺术设计院校。另一所公立高等学院谢尔丹学院，动画专业蜚声国际，被业内评价为"动画界的哈佛"。

加拿大的综合大学艺术专业设置较为传统，多伦多大学兼具加拿大最大的公立大学与顶尖大学两大称号，学术水平在国内外都有极高的认可度，以小班化教学给予学生最好的学习体验，适合申请的艺术专业有建筑设计、景观设计、城市设计等。麦吉尔大学被称为"北方的哈佛"，可供艺术设计学生选择的专业基本集中在艺术史、建筑学、城市规划这三个专业。

澳大利亚：艺术留学略显低调

相比英美国家，澳大利亚在艺术留学领域略显低调。澳大利亚艺术专业出色的院校，一般都是知名的综合类院校，如皇家墨尔本理工大学，以及由墨尔本大学、新南威尔士大学、悉尼大学、澳大利亚国立大学、昆士兰大学、蒙纳士大学、西澳大学、阿德莱德大学组成的澳大利亚八校联盟，简称"澳洲八大"。

皇家墨尔本理工大学不仅在科技领域人才辈出，在艺术领域也十分优秀，设计类专业和建筑景观类专业是艺术留学的热门专业。

"澳洲八大"的艺术专业有两个特点：一是本科艺术专业细分程度不高，大部分以艺术大类为主；二是除了关注学生的艺术能力，也非常看重学生对其他基础学科的深入训练。

因为学校认为，作为一名艺术家或设计师，除了专业技术之外，需要对人文科学、自然科学等各个基础学科有较好的专业基础和素养，这样才能在未来艺术专业领域有更好的发展。

此外，澳大利亚有很多非常优秀的建筑设计事务所、景观设计事务所和品牌设计公司。Woods Bagot、Bates Smart、Buchan Group 等建筑事务所都在国际上名列前茅，为建筑景观专业学生提供了实习与就业上的优质资源。

总而言之，各个国家的艺术专业因其历史和社会发展的脉络不同而各具特色、各有千秋，艺术留学之路的选择与决策也需要根据学生的自身实际情况去匹配。相信只要充分了解了各个国家的艺术特色，再结合自身的兴趣和特长，一定可以做出合适的选择。

75 出国学艺术，选艺术院校还是综合大学？

对于申请艺术留学的同学来说，可选择的院校既有独立的艺术学院，又有开设艺术专业的综合大学。那么这两者之间有什么区别呢？又该如何选择呢？

人才培养理念与教学目标不同

艺术院校的艺术专业覆盖面广，学科细分程度高，专业性强，有更高的针对性和自主性，更注重学生的创新探索，目标是培养具备专业素养的优秀人才。

例如，伦敦艺术大学中央圣马丁艺术学院是世界四大时装设计学院之一，提供英国最多样、最全面的艺术设计本科和研究生课程，学校注重实验、创新、冒险、批判和探索精神。学校的教学概念性更强，服装与纯艺紧密关联，设计以媒体的审美为出发点，旨在培养时尚行业领军人物。

综合大学囊括众多专业学科，专业设置齐全，课程设置上注重跨学科思维，对学生的考量更为综合。艺术专业学生接触其他学科学生与资源的机会比较多，今后的发展方向也更为多元。

同样在时尚领域，属于英国综合类大学的威斯敏斯特大学的服装设计专业，与商业、工业、媒体、艺术等领域的专业机构有紧密联系，以其基于实践的教学方式，为学生提供丰富的英国本土以及海外的学习和实习机会。教学结合了服装设计、时尚行业动态、品牌发展营销等知识，同时涵盖设计和商业领域。

申请要求侧重不同

艺术院校和综合大学对录取的核心要素各有侧重。以英美本科艺术留学申请为例，综合大学对学生的 GPA 尤其看重，语言成绩要求也比艺术院校高；而艺术院校通常更看重学生的艺术能力水平，尤其是英国的艺术院校，学生要靠作品展现自己的实力。

在作品集的展现上，申请综合大学，作品集要注重综合能力的体现；而申请艺术院校，作品集则要注重艺术表现力。

毕业生就业方向不同

艺术院校与综合大学的气质有所不同，艺术院校可以天马行空，学生只要有想法就可以尝试创作，作品可以是荒诞的、不切实际的。但综合大学则会要求学生切切实实把作品制作出来，设计一定要落地，一定要解决问题，而不是存在于一个概念或想法中。

不同院校的教育方式，会提升学生不同的能力，也对应着市场上不同的人才需求。例如，以平面设计、视觉设计、时尚设计等为主的创意设计类岗位，更加青睐艺术院校毕业的同学，艺术院校的教学方式、人才培养模型以创意思考、视觉表达为主，与创意设计类岗位非常匹配；而工业交互设计、服务设计、游戏设计等体验设计类岗位，需要设计师有清晰的逻辑思维、项目思维，考虑设计的投产比等因素，所以对于这类岗位，综合大学艺术专业的毕业生更具有优势。

总之，综合大学与艺术院校各有特点和优势，在艺术留学申请选校时，可以深入了解未来想从事岗位的工作性质和内容，然后根据自己的情况和未来发展方向做出选择。

76 去综合类名校学艺术，有哪些专业选择？

提到艺术留学，很多人第一时间会想到罗得岛设计学院、帕森斯设计学院、皇家艺术学院这些在艺术圈享有盛名的艺术学院。事实上，很多综合大学里的艺术专业也相当优秀，培养了一代又一代行业精英和影响世界的艺术大师。那么，这些隐藏在牛校里的艺术专业都有哪些呢？

哈佛大学：设计不止于建筑

如果要说世界高校"名气链"顶端的存在，那就不能不提美国哈佛大学。哈佛大学设计研究生院闻名遐迩，曾培养出一批批设计行业中的大师级人物。我们所熟悉的著名华裔建筑师贝聿铭、日本建筑师桢文彦、美国建筑师保罗·鲁道夫、中国景观建筑师俞孔坚等，都是该校的杰出毕业生。

然而，随着时代的发展和科技的进步，城市化加速导致气候变化和资源匮乏等问题频出，学院里原有的建筑学、景观建筑学以及城市规划与设计这三个专业已不能够满足和应对日益复杂的人类发展困境。基于此背景，在 2016 年，哈佛大学设计研究生院设立了设计工程专业，希望能对那些在人类文明发展过程中产生的、需要面对的潜在问题进行深入理解，从而提供更加具有创新性的解决方案。

在设计工程专业就读的每一个学生，不但要学习设计、工程、经济学、商业、政府监管、政治和社会学等必修课程，还有机会和业界杰出的创新者、设计师和思想领袖一起座谈、办展，甚至是合作项目课题，用学到的知识和技能来解决真实世界中的复杂困境，譬如疾病、自然灾害、文化冲突等。

在人类社会全球化的时代背景下，国与国、社会与社会、人与人之间如何达成和谐、完整的利益共同体，是哈佛大学一直以来的教育内核。学校将这样的精神传递到所开设的专业当中，而这样的理念在设计工程专业中体现得淋漓尽致。相信这也是大家为之倾慕的理由之一吧。

南加州大学：电影艺术的栖息地

美国西部太平洋沿岸的加州，有着阳光明媚的海滩和充满多元文化的城市氛围，这里不仅孕育了高科技产业云集的硅谷，也诞生了电影艺术行业的"造梦工厂"好莱坞。

美国民间一直流传这样一句话："比哈佛大学法学院更难考的地方就是南加大电影学院。"2023 年，哈佛大学的录取率为 3.4%，而南加大电影艺术学院的录取率仅为 2.5%。也正是在这个超级难进的电影学院中，诞生了不少电影界的奇才，电影《星球大战》系列的导演乔治·卢卡斯和音效大师班·布特、《达·芬奇密码》导演朗·霍华德、《阿甘正传》导演罗伯特·泽米吉斯等都曾在这里学习成长。

南加州大学电影艺术学院不仅是全美第一个授予电影艺术学士学位的大学，同时也是世界上唯一一所教授电影艺术所有主要学科的媒体学院，对美国乃至全球的电影、电视、影视研究、动画、纪录片和广告等领域影响颇深。自1965年以来，平均每1~2年就会有一位校友获得奥斯卡奖的提名。在这里学习，不仅可以选择各种各样的电影、电视和互动媒体等领域的课程，还有机会直接得到电影行业大佬们的指点，例如曾执导《逝水年华》的知名导演伊凡·帕瑟就曾在此授课。这些电影界大佬们大多一边在好莱坞工作，一边在南加大教书，做这样的大咖教授的学生，还怕接触不到最先进的媒体技术和项目资源吗？

牛津大学：只有一个专业的艺术学院

Fine Art，即纯艺专业。所谓纯艺，包括油画、版画、摄影、雕塑等多种艺术形式，是创作者思想的表达。

由于每个国家历史文明的发展脉络不同，对于纯艺的教育和传承也有着完全不同的理解与解读。例如，中国艺术院校的纯艺专业沿袭传统学院派的创作风格，遵循题材规范、技巧规范和艺术语言规范的创作法则；而海外国家，尤其是英美两国的纯艺专业的老师，更重视对学生的艺术思维、创作潜力的挖掘。牛津大学就是其中比较有代表性的高校之一。

牛津大学的艺术学院——拉斯金美术学院创立于1871年，位于牛津市的高街，距离阿什莫尔博物馆仅有几步之遥。这里只开设三年的纯艺本科学位、一年的纯艺硕士学位以及纯艺博士学位供学生们申请。换言之，就是只有不同阶段的纯艺专业。也正是对纯艺专业的执着深耕，自打成立之初，拉斯金美术学院就常年位居英国艺术科目第一的位置。

拉斯金美术学院的导师习惯采用引导的方式，让学生发现适合自己的艺术表达方式。在这里就读的学生常常会经历一段思想真空的迷茫期，但他们很快就会发现，每个人都有自己的声音，每个人都有自己不同的艺术表达方式。只有拥有自由时，才能听见自己的声音，发现自己的表达方式，而这里的教育致力于把每个人都推往艺术家的方向。

每当我们提到艺术留学时，似乎永远谈论的都是那些广受赞誉的艺术院校，但其实，有很多优秀的艺术学科都藏在综合类大学里。对于部分想要走艺术留学道路的学生来说，申请知名的综合类大学艺术专业反而是一种"弯道超车"的选择，这些知名院校所带来的排名优势，同样可以为日后的就业和发展增光添彩。

77 哪些艺术专业未来更具发展前景？

艺术留学专业的选择，与相关行业的发展紧密相关。那么，哪些艺术专业未来更具发展前景呢？

游戏设计专业

近年来，游戏行业的发展势头强劲。2021 年，全球各地区游戏用户数量近 30 亿；2022 年，国内出海游戏总收入约 92 亿美元；2023 年年初，游戏行业新增岗位数量相比年前增长超过 5%。

目前，整个游戏市场的策略正向游戏研发工业化、游戏发行全球化、游戏品质精品化三个方向布局。随着全球化市场为游戏公司提供了更多的机遇和挑战，未来游戏设计领域将会有更多新技术和新模式涌现，对人才的需求量十分旺盛。

由于游戏需要大量的研发和设计，需要大量的资金和人力，游戏行业的高科技含量和高附加值也使得游戏设计从业者薪资待遇较高。根据美国 Zip Recruiter 招聘网站的数据，当前游戏行业薪资水平能达到平均每年 92,337 美元。据国内《2023 海外留学人才就业发展报告》上半年数据显示，游戏行业位列海外留学人才分布最多的三大行业之一。

游戏设计专业是一个跨领域的综合型学科，涵盖了游戏开发需要的美术设计、编程技术和创意策划等多方面知识和技能。

在美国，游戏设计名校大部分是综合大学，比如位于洛杉矶的南加州大学，地理位置得天独厚，娱乐产业极其发达，能为学习娱乐设计、互动媒体、游戏设计的同学提供不少实践机会；纽约大学游戏专业注重学生独立游戏开发能力的培养，旨在把学生打造成拥有全能型经验的游戏设计师；卡内基梅隆大学的游戏专业实力非凡，由计算机学院与设计学院联合开设。此外，犹他大学、罗切斯特理工学院、迪吉彭理工学院等高校，该专业实力同样不俗。

数字媒体专业

自 2008 年以来，国家出台了一系列鼓励扶持数字创意产业发展的相关政策文件，对产业数字化的重视程度不断提升，这也让数字媒体专业在国内的热度越来越高。

数字媒体是一个跨自然科学、社会科学、人文科学的综合类交叉学科，集中体现了科学、艺术和人文的理念。申请数字媒体专业可以选择的方向很多，如虚拟艺术、数字艺术、影像装置 / 实验影像、声音艺术、交互艺术等。

数字媒体专业的就业前景非常不错。2023 年，英国大学协会发布的《未来的工作》（*Jobs of the Future*）就业报告提到了五大重点潜力行业，其中就包括数字行业和创意行业。报告显示，到 2027 年，全球将新增 400 万个数字化岗位。数字媒体专业的毕业生可从事的工作岗位涵盖视觉设计、交互、后期制作、2D/3D 动画师、概念设计师等。

如今，国内的数字媒体本科专业开设数量比国外还要多，但这个专业其实来源于国外。作为一个新兴的、面向未来的交叉学科，开设数字媒体专业的院校十分广泛，综合大学和艺术院校均有开设，势不可挡。比如美国的纽约大学、帕森斯设计学院、艺术中心设计学院、普瑞特艺术学院、萨凡纳艺术与设计学院等，以及英国的皇家艺术学院、爱丁堡大学、格拉斯哥艺术学院、伦敦艺术大学、伦敦大学金史密斯学院等。

交互设计专业

随着互联网以及各种新兴媒体的发展，交互设计无论在就业前景，还是薪资待遇上都表现不俗。对大多数跨专业申请的本科生而言，跨界性极强的交互设计大概是研究生申请阶段"救命稻草"般的存在。

交互设计可以这样简单理解：它是用户与产品之间的互

动，这些互动通常涉及美学、运动、声音、空间等元素，由此形成了交互。而这些元素中的每一个都可能涉及更专业的领域，这就是为什么很多人觉得短短的"交互设计"四个字却涵盖了这么多的设计领域。虽然交互设计所涵盖的分支领域非常多，但大家经常谈到以及经常申请的专业领域主要是人机交互、用户体验设计、服务设计、UI设计这几类。

不同院校交互设计专业的培养方向也不一样。例如，英国拉夫堡大学的交互设计专业偏用户体验设计方向；皇家艺术学院的该专业偏服务设计方向；卡内基梅隆大学的交互设计偏人机交互方向；伦敦艺术大学传媒学院的交互设计专注在新技术的实践中，发现和探索更多交互的新模式；而伦敦艺术大学创意计算机研究所的交互设计则侧重于数据科学、人工智能等新算法，开创了全新的教育模式。

交互设计专业涉及的岗位薪资非常有竞争力，根据美国Glassdoor招聘网站的数据，2023年美国交互设计师的平均年薪为109,954美元，而有工作经验的设计师的平均年薪为119,406美元。

从国内的招聘信息上看，互联网行业发达的北京、上海、广州、深圳等一线城市，对交互设计专业的人才需求量比较大。大部分公司都希望求职者拥有本科以上学历，并且更加青睐有海外留学背景的学生。有3~5年工作经验要求的公司占比最多，月薪平均在 15,000~25,000 元，工作经验越多，职位和薪资越高。

总的来说，未来有发展前景的艺术专业，必定融合了设计、技术与商业三大模块，将艺术与技术相结合，致力于改善这个快速变化的世界。

78 | 艺术留学申请和普通专业申请有什么区别？

以前，艺术留学是大家相对陌生的领域；如今，越来越多的家长、学生通过网络等渠道对此有了更多了解，将目光投射到艺术类相关专业。那么，与普通专业留学申请相比，艺术留学申请有何特别之处呢？

艺术留学申请的特殊性

在申请海外院校的普通专业时，我们一般需要准备语言成绩、在校成绩等各类申请材料，而在准备艺术留学时，还得多准备一份作品集。不同于国内的课堂作业或者毕业设计，作品集是用于海外艺术留学申请时针对性创作的作品合集，一般由 4~5 个 project（项目）组成，需要同时具备专业性、创意和国际化特色。根据全球超过 30 所艺术设计院校录取评审数据的反馈，学生达到标准化考试成绩要求后，作品集作为主要的录取评判依据，成为最终脱颖而出的核心·武器。

再者，申请艺术留学的专业指向性相对比较明确，学生需要确定自己想要申请哪个专业，是服装设计、工业设计、插画，还是动画等，以此来针对性地筹备作品集。而其他专业申请在本科阶段可以先明确一个大类，先不确定专业，经过 1~2 年通识课程的培养后再进入自己感兴趣的专业学习。

在选拔标准上，艺术留学和普通专业留学也各有侧重。对于申请艺术类留学的学生来讲，学校更关注学生的艺术表达能力，包括作品体现出的艺术观念，申请人自身的性格张力等；而其他专业则会从多维度考查学生的综合实力，如学习能力、专业知识、实践能力、交流能力等。

由于多了需要视觉审核的申请资料，且不同院校对同一个专业或方向可能对作品规格、内容的要求都不太一样，因此艺术留学的申请环节、申请材料的复杂度更高。建议有意向申请艺术留学的同学们至少提前两到三年开始准备。

艺术留学该如何选择院校和专业

与其他专业留学申请相同的是，选择出国学习艺术的学生也面临着选校、选专业的问题，但艺术留学需要考虑的方面有所不同。

在选校之前，首先需要大致了解不同国家的艺术发展和艺术文化氛围，以及当地艺术院校的特色和优势等，从而更快地确定心仪的目标院校。例如，英国是一个历史悠久、艺术文化资源充沛的老牌文化强国，完美融合了古典和现代的风格；美国拥有好莱坞、迪士尼、梦工厂等全球知名的影视基地，视觉创意技术引领世界；法国传统艺术气息浓厚，各种艺术流派大多发源于此……目前，中国学生申请艺术留学主要集中在欧美的一些发达国家，以及亚洲的日本、韩国等，这些国家都有众多艺术院校和专业可供选择。

艺术留学生既可以冲刺如伦敦艺术大学、帕森斯艺术学院等世界一流艺术院校，也可以选择顶尖综合类大学的艺术类项目。需要注意的是，综合大学对于任何专业学生的基本要求都是一样的，不会因为申请的是艺术专业而降低对学生的要求。因此，如果想申请综合大学的艺术专业，学生在准备作品集之外，还需要有更强的自我管理能力和时间规划能力，以分配足够的时间来准备语言学习和平时的课业学习。

此外，艺术专业并非只有传统意义上我们所认知的绘画、音乐等需要特定技能的专业，还有一些专业更注重学生的创意以及商业和管理思维能力的体现，如时尚管理、时尚传媒、艺术管理等。如果跨专业或者没有太多艺术技能的同学未来想在艺术领域发展，不妨尝试提前了解这些专业，从中选出自己感兴趣的方向，在保证自己有充足的时间筹备申请的前提下，大胆地投入到相关的艺术学习中去。

79 艺术留学申请，都需要准备什么考试？

近些年，随着人们生活水平的提高以及思想观念的逐渐转变，学习艺术的学生越来越多。除了在国内参加艺考，艺术留学也成为一条热门路径。那么，申请艺术留学，是否也需要像国内艺考升学一般，准备很多考试呢？

艺术留学与国内艺考的差异

在国内，艺考生本科升学需要参加统考、校考，以及全国统一的高考。艺术统考主要是指每年12月至次年1月之间，由各省份统一组织的艺术考试；校考，顾名思义，则是由各个艺术类院校开展的专业性考试。每位学生每个批次只能报考一个院校，发挥出色则有望跻身国内知名艺术院校，若成绩没有达到要求，则可能需要复读或入读一所不满意的学校。

不同于国内的选拔形式，国外艺术院校普遍实行的是申请制。在申请时，学生可以申请多所院校，甚至是向不同国家的院校递交申请。只要提交的申请材料符合学校要求和录取标准，就有机会收获心仪院校的录取。

除了形式上的差异，在考查内容方面，国内外院校也存在显著不同。国内艺考注重考查学生的技术和能力，海外院校则更多希望看到学生展现出对这个专业的钻研热情、发散性思维和逻辑思考能力。学生申请时所提交的作品集内容完全是以兴趣为出发点，体现出自己独特的表达，并没有"命题作文"的限制。如果作品集足够优秀，院校还可能放宽其他录取要求，比如语言成绩、平时成绩等，以此来争夺有潜力的优秀学生。

艺术留学也需要准备考试吗？

根据留学意向国家和申请院校的不同，学生的申请准备也略有不同，但在考试方面，大多数学生会准备两类考试：语言考试和学业考试。

作为国际学生，不论是申请艺术类院校还是综合类院校，语言考试都是必不可少的。想要申请美国、英国等英语国家，托福或雅思是学生们绕不开的语言考试。若学生想去欧洲、亚洲国家的高校就读，例如柏林艺术大学、佛罗伦萨美术学院、东京艺术大学等，则需要了解目标院校中自己感兴趣的专业是采用英语还是当地语言进行教学。如果采用英语教学，则提供英语语言成绩即可；如果采用德语、意大利语、日语等语言教学，学生则需要根据学校要求准备相应的语言成绩。

除了对语言成绩的要求之外，大部分学校很看重学生的作品集，也有部分学校会对学生的学业考试成绩提出要求，哪怕申请的是艺术类专业。例如，美国排名靠前的一些综合类院校对申请者就采取一视同仁的态度，如果学生想要读本科，那么不论是申请艺术类专业还是非艺术类专业，都需要提供 SAT 或 ACT 成绩；申请硕士项目，则需要提供 GRE 成绩。

当然，并不是所有的院校都会强制要求申请学生提供学业考试成绩。大部分艺术类院校或艺术类专业更加看重学生的作品集质量，但学生若能额外提供学业成绩，在申请奖学金方面则具备很大优势。因此，如果申请者有较为充足的时间，不妨尝试参加学业考试，优秀的学业成绩能反映出学生的专业素质与学习潜力，可以在一定程度上提升被心仪院校录取的概率。

如何准备艺术留学作品集？

作品集是海外院校艺术类专业招生的一项特殊要求，通过一系列的思考与创作，优秀的作品集可以充分展现学生的个人特质、创造能力和艺术潜力，是学生和招生官们沟通的重要方式。那么，艺术留学申请时的作品集有什么要求？要如何准备呢？

不要在热门选题中迷失自我

针对作品集选题，应当寻找更精准、更新颖的切入点。如果用一些非常普通的选题去开题，那么之后可能会很难进行下去。所以要尽量避免一些大众选题，比如减肥、宠物店、宠物弃养、宿舍垃圾等。或者哪怕是常规的话题，也要尝试从不同的视角切入。

当然，这并不是说作品选题要越新奇越好，或者越热门越好。近几年，大多数申请人在准备作品集时都热衷于疫情、流浪猫狗、环保、女性等热门选题，认为只要抢占热门选题就能抢占先机，但殊不知，这样的选题做的人越多，就对个人能力、作品切入点，以及创新能力的要求越高，无形中反而增加了难度和竞争压力。

其实真正重要的是，你想通过作品表达什么样的情感或者观点，内容一定大于形式。设计就是让人的生活变得更好，而这种更好不是把设计变得更漂亮、更好看，而是能通过这个设计带给社会一些正向的影响，能够让整个社会变得更好。

巧用色彩才能成为点睛之笔

众所周知，作品集颜值越高，越容易抓住招生官的心。但有些学生的设计，元素虽然突出却缺少美感与深意，主题不明显，很容易就会让人感到眼花缭乱，这样的设计雷区一定要避开。

另外，作品集的配色也要与主题相辅相成。有些同学为了偷懒，会直接搜索自己喜欢的色卡然后生搬硬套，切忌养成这种习惯。色彩情绪和设计初衷传达的信息要一致，不要让受众与设计师之间产生认知偏差。有时候巧妙地利用明亮的色彩，就会让招生官眼前一亮。

啃下排版这块硬骨头

很多学生在准备作品集时，经常会认为主题、逻辑、分析完成了，就足够完整了；但实际上要让作品集有画龙点睛的效果，在内容完成的前提下，还要有一个好的视觉化呈现。

其中，排版就是重中之重。

要知道，作品集不仅能以 PDF 的形式提交，很多学校还支持以网站的形式递交。这时候如果你的作品集排版形式非常新颖、丰富、交互性十足，那么必定会让招生官眼前一亮，从而为申请加分。而除了 PDF 与网站的排版形式，内容较多、体量较大的作品还可以用视频的方式去呈现。通过精彩的剪辑手法，不仅可以更好地展现内容，还更能简洁明了地进行故事性叙述。

如果因为时间或技术有限，只能通过常规的 PDF 形式去呈现作品集，那么平面排版也有非常多的小技巧。例如，注意突出主次内容；单页文字不宜过多，控制在 50~70 字左右；排版区块与标题清晰；图片精选与层级关系明确……这些细节都值得我们去注意。

此外，作品集排版往往是和作品阐述密切联系在一起的，学生还需要深刻认识到作品阐释能力的重要性。国外的很多院校尤为看重申请人的文化功底，会去衡量其是否能够做到将自己的创作思路、创作历程、作品寓意等，用顺畅的语言和缜密的逻辑阐述出来。这些都需要通过后天足够多的学习、努力和练习一一实现。

81 出国留学读艺术，可以申请奖学金吗？

艺术留学不可避免会考虑到的因素之一就是花费。当"艺术"和"留学"这两个在人们眼中很"烧钱"的词组合在一起，留给大众的印象恐怕就是"加倍烧钱"。事实上，在英美等主流留学国家，细算下来花费百万学艺术的情况也确实存在，但艺术留学也有省钱的途径。

提供奖学金补贴的英美留学

人们之所以会认为学艺术烧钱，是因为无论是所涉及的用具器材、学习时间，抑或是专业课时费，都是不容忽略的成本。更重要的是，艺术难以用某种清晰的标准衡量，无论是音乐、美术、表演、服装等，对于学习者而言，努力、天赋和感悟缺一不可，高昂的投入未必会有对等的回报。

然而，首先需要我们抛开固有印象的是，去英国、美国留学读艺术并不一定就是"一掷千金"，在那里留学生们也可以拥有省钱的机会，比如争取奖学金。

除了美国的哥伦比亚大学、圣路易斯华盛顿大学等综合类大学的艺术类专业会发放不同种类的奖学金外，美国艺术类院校的奖学金发放更是豪放。例如，萨凡纳艺术设计学院（SCAD）在艺术留学圈里是公认的"财大气粗"。SCAD的官网上就明确表示：80%的新生都会收到学校的奖学金。值得一提的是，该校本科和研究生的奖学金加起来有20余种，金额少则上千美元，多则上万美元，优秀者甚至可以直接免去全额学费。再比如美国的库伯高等科学艺术联盟学院（Cooper Union），该校是位于纽约曼哈顿地区的著名私立大学，也是美国少数能提供全部学生半额奖学金的院校。

在充满艺术创想、富有活力的英国，虽然其高校的奖学金发放是出了名的小气，但并非毫无机会。这些院校的奖学金申请遵循择优录取原则。例如，英国皇家艺术学院、拉夫堡大学等都会提供一定的奖学金或10%~20%的学费减免。所以，为了能够顺利地"薅到羊毛"，务必要提升自己的竞争力，在众多优秀学子中脱颖而出。

免学费的欧洲留学

如果对欧洲留学不甚了解，很多人不免会认为欧洲发达国家众多，学费及日常消费水平肯定不低。事实上，意大利、法国、德国等欧洲国家的大部分公立院校，无论是本国学生还是国际留学生，都享有同样的免学费待遇。如此一来，留学生仅需承担注册费、生活费等费用即可。

以 2023 年 QS 艺术与设计学科排名第 8 的意大利米兰理工大学为例，学生每年只需缴纳 4000 欧左右（约合人民币 3.2 万）的注册费。作为公立大学，该校学生还可以通过申请奖学金或助学金的方式减免注册费。

除此之外，亚洲留学一直以来都是高性价比的代表，亚洲艺术留学更是如此。凭借相对低廉的留学费用、高学历含金量、地缘优势等，俘获了不少艺术留学生的心。像是亚洲热门艺术留学目的地之一的韩国，有很多可供艺术生选择的优秀院校，如梨花女子大学、成均馆大学、弘益大学等，每年的学费大约在 3~7 万元人民币，不少普通家庭也能负担得起。

82 艺术留学需提前多长时间准备？

如今艺术留学越来越热，国外院校的选择众多，提前规划升学路径非常必要。那么艺术留学需要提前多长时间准备呢？根据申请人年龄段的不同，下面分三种情况讨论。

想申请艺术类本科的高中生

对于打算本科出国学艺术的高中生来说，绝大部分同学在艺术专业方面都缺少足够的积累，需要花费较长的时间去进行艺术的学习与专业理解，然后通过艺术实践，最后促成作品集的诞生。

这个过程要经历长时间的吸收与磨合，再加上不同国家、不同院校的偏好、申请材料要求等方面都各不相同，以及一些不确定因素，所以需要尽早准备与规划，才能保证申请的成功率。

这样的客观条件其实就将国际教育体系下的学生和普通高中的学生摆在了同样的位置，因为不管是哪种教育体系下的学生，大家都要早早地开始准备。

普通高中的同学需要在高一就开始双线规划，提前准备语言考试，提前了解国外的艺术院校申请要求，以及目标专业的艺术作品要求，着手准备艺术留学作品集。

国际学校的同学可以在整个高中期间保持语言成绩和GPA，提升国际课程艺术类科目的分数。这样无论是英、美、澳、加等热门艺术留学国家的综合大学，还是知名艺术学院，都可以努力冲刺。

想申请艺术类研究生的大学生

对于申请艺术类研究生的大学生来说，要抓住这几个关键要素：提升 GPA、选择适合自己的语言标准化考试、提升软实力、完成高质量作品集。

通过数据统计发现，很早就有艺术留学想法的大学生，会充分利用有效资源与时间赛跑，利用 1~2 年来准备作品集，同时确保 GPA 成绩可以达到申请院校的要求。

美国的大学较为注重申请者的软实力背景，尤其是排名靠前的综合类大学，如纽约大学、卡内基梅隆大学、南加州大学、哈佛大学、宾夕法尼亚大学等。大部分艺术类研究生需要在申请材料中提供三封推荐信，包括两封学术类推荐信，一封实习实践工作类推荐信。这也从侧面说明美国学校非常看重申请者的实践经历。建议冲刺综合大学的同学们要增加自己的相关经历，以提升申请竞争力。

英国的综合大学和艺术院校，除了非常重视学术外，也非常看重学生将学习到的理论落地实践、在真实场景下与商业相结合的能力。相关社会实践活动可以在简历、作品及个人陈述的文书中进行重点体现、互相印证。

未来有艺术留学计划的初中生

也有很多初中生家长，早就有了让孩子艺术留学的打算。其实对于初中阶段的孩子来说，有足够的时间准备艺术留学。在这个阶段，家长的首要任务是培养孩子的艺术思维和艺术审美。

什么是艺术思维？艺术思维是一种在艺术创作活动中，由形象思维、抽象思维和灵感思维经过复杂的辩证关系共同构成的思维方式，三者之间相互渗透、相互影响。归根结底，艺术思维的核心依然是创意思维能力。

创意思维能力就是培养孩子的多元思维方式。换句话说，就是让孩子们能够换个角度看世界，能够多角度地观察身边事物，并且结合自己的想法，通过绘画等艺术形式表现出来。

这种思维能力和审美能力一样，都需要长期培养。在培养方法上可以从两方面着手：一方面是学习一些艺术课程，形成系统性的艺术知识体系；另一方面，可以利用日常生活中碎片化的时间，引导孩子从不同视角观察事物，培养孩子在生活中发现美、发现艺术的意识。

　　学习艺术是一件需要长期积累、长期培养的事情，在这个过程中，孩子们所收获的是思维的锻炼与审美能力的提升。就像美国教育学家约翰·迪瓦尔特所说："艺术教育不仅仅是培养艺术家，更是培养完整的个体，培养具有创造性思维和批判性思考能力的公民。"

83 无艺术背景的本科生，如何跨专业申请艺术类硕士？

如今，"跨专业"早已不是一个新鲜的词汇，但当"跨专业"和"艺术"组合在一起后，似乎又会碰撞出不一样的火花。那么，没有艺术相关学习背景的学生，也能跨专业申请艺术类专业的硕士吗？

跨专业，你真的想好了吗？

优质的国际教育主张多元化，不少海外知名院校都希望有不同背景的学生来丰富学术团队，所以想要成功地跨专业申请艺术专业，并非不可能，关键还是在于如何规划和准备。

一般来说，跨专业申请主要分为两种情况，即同类别跨专业和零基础跨专业。同类别跨专业指的是同属于一个大类别中的不同专业跨申。例如，本科是平面设计专业，申请插画设计的硕士项目。相对来说，这种跨专业申请比较容易，因为学生具备一定的基础，只是具体的专业角度和发展方向有所区别，用心补足缺失的板块即可。

零基础跨专业的申请难度就明显增加了，比如本科是工科、理科等，想要申请艺术类学科的硕士项目，这意味着需要开始熟悉一个全新的专业和相关术语，如果没有一定的基础，会需要一个较长的适应期和准备时间。一般来说，艺术留学的常规申请时长是 10~15 个月，但跨专业申请的学生在准备作品集时，需要更长的时间来提升自己在新专业上的基础能力。

因此，如果仅仅出于一时的爱好，尚未做好长远的打算就盲目放弃自己原有的专业，这并非是最好的规划。我们还是需要先认真审视自己，看能否清楚地回答如下问题：我为什么要跨专业？我真正想学的是什么？我未来想要从事什么行业？

如果明确了自己内心真实的追求，认定了要转向艺术留学的道路，那么跨专业的文书中最好能反映出本科专业与目标艺术专业之间的关联性。如果关联实在不紧密，就应当尽快着手准备与专业相关的活动、实习、实践等，从多样的活动和经历中彰显个人优势。同时，还要体现出你区别于其他申请人的优势，以及你可以为学校带来的特殊价值。

艺术跨专业的选择

对想要跨专业申请的艺术生来说，申请前充分地调研想申请的专业和院校，是不能跳过的一步。

不同艺术类院校开设的专业并不完全一致，哪怕专业名称相同，实际的课程设置也可能不尽相同，所以申请者需要先在学校的官网对自己喜欢的专业进行详细搜索。一般来说，学校的官网都可以找到详细的专业介绍、导师研究方向以及在读学生的作品展示等。了解清楚自己想要申请的专业在这一院校的研究内容和课程大纲之后，可以继续在网站上查询提交申请的方式、要求，以及申请时间和名额等，做到心中有数。

在专业的选择方面，选择跨专业学艺术的学生一定要客观地综合评估自己的优劣势，制定的目标越合理，跨专业申请成功的可能性也就越大。

例如，有一定绘画功底的学生可以选择纯艺或插画等专业；如果你善于软件应用，则可以选择平面或者工业设计等专业；如果是零基础的非艺术生，则可以根据自己的学习能力、以往的专业经历或实践经历选择容易上手的专业等。

相关学科教育背景不足、专业基础比较薄弱的学生，想要在跨专业的艺术类学科申请中增加录取概率，可以优先考虑平面、摄影这类专业。它们所涉及的一些必备技能难度不大，如手绘基础、软件入门等，都是可以通过自学实现的。当然，想要让专业水平实现质的提高、做出令人印象深刻的作品，还是要在专业老师的指导下完成。此外，这类学生还可以考虑尝试交叉专业，例如交互设计可以和任何学科产生联系，不论是国内还是国外，跨学科申请交互设计专业都十分常见。

对于留学跨专业申请艺术类专业的学生来说，在申请的时候无须给自己施加过多的压力，而是要学会转变心态，例如在创作作品集时可以尝试发挥自己跨专业的优势，将原专业的元素更富创造性地体现在作品中，用过往的专业知识储备实现自己独特的艺术设计需求，充分利用好艺术生往往不具备的跨专业优势，在海外招生官面前展现出你多方面的能力。

第六章　海外求学：
你的舒适区可以是全世界

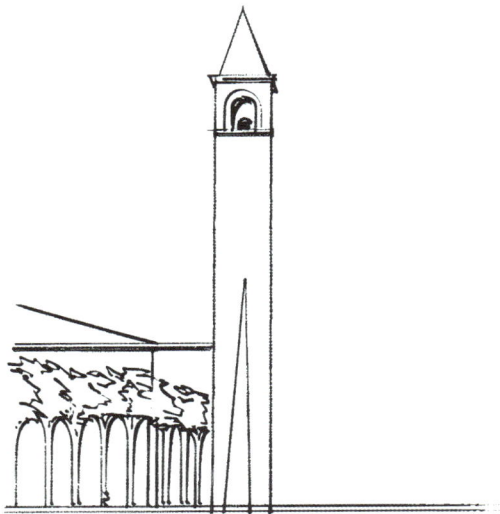

84 留学生如何快速适应海外生活？

现如今，中国学生在留学之前，有相当一部分可能已经到国外旅行过。通过互联网渠道，大家对国外的了解也越来越多。尽管如此，到一个语言、文化、价值观都迥异的陌生环境里去长期生活，挑战还是比较大的，一般都需要三个月到半年的适应期。如果想要快速适应海外生活，顺利进入学习和生活轨道，可以尝试通过以下方式做好过渡。

尊重当地法律法规

出国留学，最重要的就是遵守当地的法律法规，提前了解"雷区"，违反法律的事情绝对不能碰，这能最大限度地保障我们的安全。此外，也要知道万一出现紧急情况的正确应对方式，千万不要因小失大，付出沉重的法律代价。

例如，有报道说，有位中国的留学生欺负同学，甚至出现人身攻击和虐待行为，犯了重罪。这位同学的家长过去以后贿赂美国的学生，希望他们做伪证以减轻自己孩子的罪行，最后导致这位中国的家长也一起被判刑。

作为学生不仅要了解当地法律，同时也要了解清楚自己的权益。在校园里遇到任何棘手问题，都可以寻求专业的法律和警务支持。

了解当地的文化和风俗习惯

如果想要更好地与当地人打交道，可以提前了解一些当地的风俗习惯，以及一些日常生活中的禁忌，这样能够帮助我们尽快入乡随俗，理解并融入当地环境。比如英国人的时间观念比较强，无故迟到常常被认为是不礼貌的，和他们的聚会一定要准时赴约。如因故延误或临时取消约会，应提前告知对方。美国人虽然说在相处中比较自由开明，但他们也有自己的禁忌，如个人隐私或者宗教信仰等，聊天谈论时最好避免提及这些话题。

还有一些基本的个人修养问题。例如，在国外的公共场合，尽量避免一群人聚在一起大声喧闹，说话声音尽量不要影响到其他人。排队在国外也是一种很自然的习惯，或者说是修养的一种体现。作为留学生，我们要保持礼貌，尊重当地的习俗，按照规则办事。

做好学术上的准备

中国学生为了在标准化考试中取得更高的分数，做了很多应试练习，但并不代表就因此有了很强的听说读写能力和思维能力，更不等于能够适应国外的教学方式。

等到出国之后，有些学生就会发现很多课程听不懂，时间一长，难免会出现恐慌、害怕甚至是厌学情绪，因此在出国之前就做好学术上的准备是非常重要的。同学们可以利用假期认真读几本专业相关的著作，试着听一听网络上免费的国外大学课程。在这个过程中，可以大概了解所学专业的基本知识，同时也能提前了解国外大学的课堂情况，包括老师的提问方式以及布置作业的形式等。对这些有所了解后，能在很大程度上缓解面对未知挑战时的紧张、害怕情绪，心里也会踏实一些，出国后就能更加从容不迫。

充分利用学校资源

有时中国留学生遇到了问题，却不知道如何利用现有的资源去解决，其实校园里有很多机构、活动、资源都能为我们提供帮助。在国外，开学之前有一个迎新活动叫作Orientation，期间学校会安排一些教职人员或学长学姐带新生参观食堂、图书馆、宿舍、教学楼等场所，介绍城市风情、校园资源、交通出行等各方面的信息，帮助新生解答各种问题。迎新活动是大学经历的重要组成部分，它可以帮助新生更好地适应大学生活，建议同学们一定不要错过。

此外，学校的医院、安保处、职业发展中心、留学生办公室、心理咨询中心等都是很好的资源，而且工作做得非常专业，同学们应该尽早去了解这些服务，看自己是否有可能在某些方面得到帮助。有这些专业人士来帮忙，大家也会适应得更快。

建立自己的朋友圈

离开国内熟悉的环境以后，有些学生可能会因为语言、文化背景上的不同不愿意主动交朋友，长此以往，就容易产生孤独感或者负面情绪。因此，想要更快地融入国外的环境，熟练使用外语，在异国他乡建立新的朋友圈是很有必要的，而且朋友的陪伴也能提供精神上的慰藉。

在学习过程中，可以与其他国家的同学进行交流，从而拓展交际圈。学习之余可以加入学校的社团和俱乐部，积极参加各类社交活动，这些都能帮助我们逐步建立起自己的圈子。此外，参加志愿活动也是结识新朋友的一种途径。你可以在当地的慈善机构、学校或其他组织做志愿者。

总之，寻找一切机会去接触社会，熟悉环境，结交朋友，贡献力量，这样才能更早地融入、被接纳，从而找到真正的归属感。

85 | 海外高校有哪些面向留学生的支持和服务？

在一个陌生的国度开启全新的学习之路，难免会产生未知的焦虑。不少留学生最大的担忧，除了学业，就是自己能否快速适应海外校园生活。那么，海外高校有哪些面向留学生的支持和服务？

国际生迎新服务

在开学季前期，很多海外高校会在中国开设行前准备会，将签证要求、入境政策、所需物品和注意事项等说清楚，提前帮助同学们在出国之前做好充分的准备。当然，也有的高校会在官网中梳理出开学注意事项及流程引导，同学们可以事先进行关注和了解。

除此之外，不少院校还会针对新生开设迎新周，例如澳大利亚的 Orientation Week（简称 O'week），以及英国为期一到两周的 Induction Week。在迎新周，会有学生工作人员、志愿者、社团等给予国际新生帮助，如提供接机服务、帮助国际生熟悉校园和课程等。有些学校还会为国际生准备必要的生活用品，如床上用品、厨房用品以及转换插头等。

迎新周期间是同学们熟悉彼此的好机会，能够结交不少当地的朋友。更重要的是，大家还可以充分了解关于学校的信息，为接下来的学习和生活打下基础。

学业及就业支持

对于国际生的照顾，每个学校都有所不同。但首先，大部分留学生在海外面临的最大问题就是语言。不论是生活中还是学术上，都需要良好的语言能力。所以不少海外院校都提供了语言课程，帮助国际生更好地融入新的生活和学习环境。

大部分海外高校还会设立学生支持中心（Student Service），该机构会对国际生在留学期间遇到的问题提供帮助和支持，也会在学生面临困难时为其提供指导或建议，例如帮助学生找到合适的住房解决方案。学生需要法律援助时，学生支持中心也能提供各种资源来帮助学生。

此外，学校也会对留学生的职业规划提供帮助。很多学校会有专业的职业规划团队，为海外留学生的就业或进一步深造提供指导，让学生在毕业后有更好的发展。学校每学期会举办或推介数百场活动，以帮助学生在自己的职业生涯中达成目标。学生可以通过这些活动，了解自己的背景和能力能满足哪些行业部门的哪些岗位需求，以及如何取得成功。

有些学校还会在整个学年举办一系列针对特定行业的招聘会，为学生提供与雇主会面、了解招聘计划的机会。

心理健康关怀

国际生在留学过程中保持良好的心理健康状态是至关重要的，大多数学校也会设立专门的心理咨询部门。

例如，在英国，有一门课叫 tutorial，学生和老师进行面谈，每周一次，每次大约 1 小时左右。面谈老师由学生的某位授课老师担任，课业和生活上的困难都可以和老师沟通。学生既可以和老师敞开心扉聊聊上课中碰到的问题，也可以聊日常生活、社交融入等问题。

此外，在期末考试时期，学校也会举办一些活动来帮学生缓解压力，如校园市集等。很多国外大学都有齐全的体育设施，比如健身房、游泳池以及各种球类场馆等。学校还会开设一些体育类的社团，方便学生们参与，让大家感受运动中团队合作和竞争的魅力，同时结交朋友，消解压力。

在学习和生活上遇到困难是成长的常态，谁都不能例外。这也正是学校医院、安保处、职业发展中心、留学生办公室等机构存在的理由，这些机构都可以在你需要的时候提供专业的帮助。当然，真正的成长最终还是需要自我进步，接受新的环境、人群和文化，拥抱新的变化。

86 留学生活过得好，哪项能力不能少？

这些年我们一直致力于倡导国际教育，希望中国的孩子接触世界、了解世界、拥抱世界，全面提升自己的综合能力。但无论是哪项能力的提升，归根结底，都离不开规划能力。任何事，做好规划就有了一个好的开始，好的规划也是迈向成功的第一步。

时间规划能力

海外高校的课程体系与国内有较大差异。从成绩判定标准来说，在国内的高校中，期末考试的成绩基本决定了学生是否通过该课程；而在国外的高校中，开学的第一课，老师就会告诉学生这门课的考核标准，包括出勤、课堂小考、小组作业、个人汇报、期末考试在内的成绩占比，这也要求学生在平时也需要多多用功，根据课程安排规划好自己的时间，才能拿到好成绩。

此外，作业需要在规定时间内提交。由于国外高校很多作业需要在线上传，错过了系统开放时间就没有机会补救了，因此经常会看到学生们在各种 Deadline（截止日期）前疯狂赶作业，在图书馆挑灯夜读。这种情况大多数都是因为拖延导致的，没有把时间提前规划好，还延续着旧有的学习习惯，结果导致很多临时抱佛脚的情形出现。

很多时候，我们会把学业上的安排归为学习能力或者统筹能力，但实际上，它是一种规划能力的体现。在学习一门新的课程或者探索新的领域时，从哪里切入、怎么分解知识，都需要带着思考去提前规划。

时间规划能力强的孩子，整体的留学体验会更好，收获也会更多。有些出国留学的孩子非常勤奋，勤奋到除了校园和家两点一线，别的基本不涉猎，对于当地的风土人情完全不了解。同样是一天 24 小时，同样的课业，有的孩子却能兼顾学习和生活，在取得不错成绩的同时，也在精彩地度过自己的留学生涯。相信在未来，这样的孩子能更好地平衡工作和个人生活，也能让自己更从容地面对充满不确定性的世界。

理财能力

20 世纪 90 年代自费出国的那批老前辈门，留学时面对的最大的困难之一就是经济问题。那时，大多数的留学生都会利用课余时间去打一些零工，比如在后厨洗碗、配菜，甚至做搬运工这样的重体力活，挣几个零钱，补贴家用。手里的钱总共没几个，好不容易攒下一些，基本也贡献给了学杂费和生活费，自然谈不上什么理财了。现在的留学生不一样了，大多数孩子的家庭条件都是比较殷实的，因此他们面临的更大挑战，是如何面对外面花花世界的各种诱惑。

有些家长因为工作比较忙，会选择一次性给孩子一笔钱，让他们自由支配。尤其是学制比较短的英国研究生项目，学费一次性缴纳，学校可能还会给予一定优惠，剩下的余额基本足够孩子的生活费。再加上去读研究生的学生，基本已经有过多年的大学独立生活经验，因此很多家长非常放心地将全年的费用一次性给孩子准备好，让孩子自己看着花。这也导致很多留学生一到假期就出去旅游，日常朋友圈分享很多美食佳肴，鲜见他们在图书馆读书的场景，似乎忘记了留学的初衷和梦想。这大概率和手头可支配的资金过多有关。

当然，也有一些自律性较强的孩子，会合理地规划资金，比如规划好房租、学习相关的设备和耗材、每个月的衣食住行以及休闲娱乐的频率和花费。能做好规划、管理好自己小账本的孩子，大概率也能掌控好自己的学习节奏和人生节奏。

拿破仑曾经说过："想得好是聪明，计划得好更聪明，做得好是最聪明又最好。"其实无论是否出国留学，都应该学会做计划，掌握了这项能力，也就一定程度上掌握了自己的人生！

87 海外留学有哪些必须掌握的学术技能？

如果想要在国外的大学取得好成绩，学术技能是不可或缺的一种能力。整体来说，学术技能可以被归类为"硬技能"和"软技能"。"硬技能"就是与专业相关的学术能力，如专业知识储备、实验能力、调研能力、写作能力等；"软技能"指的是在课程考核过程中会使用到的技能，比如团队合作技能以及演讲技能。

学术写作能力：作业和毕业都要靠它

不论是哪个专业的学生，在海外大学学习时，通常都会被要求以学术写作的形式撰写作业或者是结课论文。可以说，学术写作能力在整个留学过程中都是至关重要的。学术写作文体多样，包含了议论文、说明文等多种文体形式。

与雅思或托福考试中的写作部分不同，学术写作有着比较严格的要求。雅思或托福考试中的写作通常只需要学生能自圆其说即可，而真正的学术写作不仅需要学生自行调研，展现原创观点，还需要阅读并引用大量文献资源进行辅助印证，最终按照一定的行文模式呈现出一篇严谨性高、逻辑性强的学术文章。

就如同古代中国的学子在考科举时需要撰写八股文一样，海外高校所要求的学术写作形式也有一定的套路。以美国高校学术写作比较常用的文体"研究型论文"（Research Paper）为例，其结构基本会按照"提问题—讲方法—谈理论—摆数据和论据—证明结论"这个思路来搭建。缺少任何一个环节都有可能会被认为不合规矩，轻则这篇论文会被扣分，重则可能会影响最终的GPA成绩。

所以，提前熟悉学术写作的撰写技巧对于留学生来说是非常重要的。有了先发优势，将来在留学时就可以少走很多弯路。

调研 / 找资料能力：好的开始是成功的一半

调研 / 找资料能力同样也是留学生们必不可少的学术技能。调研可以帮助学生获得一手信息资料，熟悉调研方式也可以帮助学生拥有更清晰、高效的判断能力。例如，在查阅外部资料时，了解学者是通过采访、发放问卷还是观察等方法最终得出结论的，评估这些数据和结论的有效性和准确性是否值得被引用，等等。

除了调研之外，寻找二手资料也是留学生们在撰写学术文章时非常常见的环节，同时也是比较容易出问题的环节。

欧美很多大学在论文写作中，对文献引用标注有详细且明确的规定，一旦引用文献的来源可信度不高，整篇文章的含金量就会大打折扣，甚至会有造假嫌疑，牵扯到学术不端。因此，不论选取什么参考资料，首要任务是保证其可靠性，因为涉嫌学术造假的后果是大部分学生难以承受的，不仅影响自身学业，还可能会影响到签证，甚至直接被开除。

那么，在哪里找可靠的资料来源呢？大多数留学生会通过学校图书馆查找资料。通常情况下，学校图书馆里收录的资料都是在各研究领域起着关键作用的文本，信息权威性更高，且对在校学生免费开放。

此外，学校图书馆还会订阅一些在学术领域声誉不错的期刊文章数据库，比如 JSTOR（一个对过期期刊进行数字化的非营利性机构）、ProQuest（全球顶尖的信息数据供应商之一）等，里面有一些免费又实用的资料，如此方便快捷的资源大家要尽可能地利用起来。

演讲汇报和团队合作能力：留学生活的核心标签

在海外高校的课堂上，老师大多非常喜欢与学生们互动，尤其是在人数不多的小班课上，老师基本上会关注班上所有的学生，了解他们的想法和观点，同他们探讨或辩论。因此，演讲汇报（Presentation）是国外大学考核的重要部分，很多课程的作业都需要学生站在讲台上结合 PPT，展示自己的研究成果。这种阐述自己主张和观点的能力，未来在职场上也同样重要。

此外，很多课程作业需要学生们以小组为单位合作完成，这主要是为了培养学生们的沟通能力、矛盾处理能力以及团队协作能力。毕竟，在未来的工作中，想要做出成绩离不开团队合作，学会和不同的人采取不同的沟通方式，理解且尊重文化差异，有效地表达自己的想法，达成共同的目标，也是我们在成功道路上的必备素养。这种能力不仅可以帮助我们在留学过程中迅速成长，还能帮助我们学会如何和来自世界各地不同的人相处，感受多元的文化，开阔眼界，在未来就业中体现自己价值和优势。

88 国外大学的考核方式和成绩评分标准是什么？

留学期间如果立志想要在学业上获得优秀成绩，除了要对目标院校的教学模式、学习课程提前进行了解外，也需要非常清楚国外大学的考核方式以及成绩评分标准。

英国

英国作为传统的教育强国，一直深受广大留学生和家长们的青睐。在教育模式方面，英国大学尤为重视学生的学习广度，考试的方式非常灵活。除了设有传统的笔试，还包括课程论文、口述展示、报告、随堂测试、同学互评等，旨在通过多种途径全面考核学生的自主学习能力、口头表达能力、与他人协作能力等。

在学位成绩评定上，英国的本科和硕士研究生阶段多以等级制来划分成绩，但评分标准有所不同。具体来说，英国本科学位成绩分为一等成绩（First Class）、二等一级（Upper Second）、二等二级（Lower Second Class）、三等成绩（Third Class）、普通成绩（Ordinary

Degree）这五个等级，40 分为及格线。硕士学位则分为优秀（Distinction）、良好（Merit）和合格（Pass）三个等级，50 分为及格线。

其中，本科的一等成绩和研究生的优秀等级是颁发学位的最高等级，只有占比极少的学生才能获得，能够在很大程度上证明学生在就读期间优异的学习及专业水平，是求职中的重量级筹码。

美国和加拿大

美国和加拿大的不少大学在世界高等教育中处于领先地位，与此相对应的是这些大学对学生严格的学业要求。不少高校非常在意学生 GPA 的高低，GPA 是大学评判学生学术水平的第一要素。教授对于布置的作业、期中测试、期末测试、出勤等方面都有着明确的评分标准。

例如，A 为优秀 Excellent（GPA 4.0），B 为良好 Above Average（GPA 3.0），C 为中等 Average（GPA 2.0），D 为及格 Usually the Minimum Passing Grade（GPA 1.0），F 为不及格 Fail（GPA 0.0）。很多美国大学还会规定，如果学生有一个学期的 GPA 为 C，就会对该学生发出警告，倘若学生再有一个学期出现相同情况就将被退学。

因此，每位学生必须要以认真、严谨的态度对待自己的学业，在开学的第一时间根据课程大纲（Syllabus）了解每门课程成绩的占比，并投入相应的精力。

澳大利亚和新西兰

采用英联邦教育体制的澳大利亚和新西兰，在学生成绩评定标准上和英国类似，不同的分数段对应不同的评分等级。

澳大利亚的大学常见的评分方法是根据学生所学的专业或科目，用描述性的方式对学生的成绩进行等级划分，分别为：HD，即 High Distinction，表示非常优秀；D，即 Distinction，表示优；C，即 Credit，表示良；P，即 Pass，表示及格。

新西兰的大学一般是通过 A 至 E 的字母来划分学生成绩的等级，例如 A+，A，A-。这些字母分别对应不同的百分比分数，像是 A+ 为85% 或90%。但需要注意的是，不同大学间的评分标准各有不一，甚至一个学系与另外一个学系都会有所不同，需要学生在入学后第一时间进行了解。

不难发现，海外院校大多不会仅用一次期末考试成绩来决定学生的学术水平，而是会结合学生的日常出勤、作业成绩、考试及论文等进行综合考量。所以，同学们即便顺利进入理想院校，也要在今后的学习生涯中认真对待自己的专业学习，并按照要求在各方面尽可能有优异的表现。

海外大学如何认定抄袭?

对于绝大多数留学生来说，plagiarism 这个词并不陌生，它可以用来泛指学术界的一切不良借鉴行为，也就是国内所说的"抄袭"或者"剽窃"。在众多海外高校的迎新会上，每年唯一不变的环节就是向新生们重点强调抄袭或剽窃所带来的严重后果，并表示一旦出现此类事件，学校会抱着零容忍的态度，根据抄袭作弊的严重程度下达处分。

那么海外高校到底是如何定义抄袭的呢？留学生又如何避免抄袭的发生？

抄袭的定义和种类

相信所有留学生都不希望自己牵扯到抄袭风波之中，但很多时候，学生是在并非有意的情况下涉嫌抄袭的，例如引用格式不规范、直接引用却没有添加引号等。由于海外高校的教育理念和学术规范与国内不尽相同，很多中国留学生在出国前并没有经过正规的英语学术写作能力的训练，更不用说接触关于学术抄袭的相关知识了。因此在很多时候，他们可能根本不知道自己的某些行为已经触碰了论文抄袭的红线。

当然，也存在极个别的学生会因为学业压力或是抱有侥幸心理而直接抄袭他人文章、抄袭自己此前的文章或者是请他人代写作业等。然而，涉嫌抄袭或作弊的后果非常严重，轻则科目成绩被视为无效，重则会被退学处理、取消学位，甚至还有可能会影响到在这个国家的签证，可以说是得不偿失。

留学生的学习压力普遍偏大，尤其刚到国外学习生活的时候，不少学生的语言能力还没有完全过关，上课听不懂，下课面对作业或论文无从下手……困难多，但应对困难的方法其实更多。与其投机取巧，不如勇敢尝试去向教授、同学寻求帮助，掌握学术论文的撰写方法。

如何避免抄袭

不同的学校对抄袭的具体评判标准不同，但一般情况下，查重率超过 10% 就会被认为是抄袭。与国内只考查文字的重复率不同，海外高校对文章的撰写思路也有相应的评判标准。如果文章参考了他人论文的撰写思想或套路，也会被归为抄袭。因此想要避免抄袭，首先就是要坚决杜绝侥幸心理，认真对待自己的作业和论文。

其次，熟悉学术写作的规范和要领，学会在论文中使用正确的引用系统和引用规范。海外高校比较常用的几种论文格式分别为 APA（美国心理学会出版的《美国心理协会刊物准则》）、MLA（美国现代语言协会制定的论文指导格式）和 Harvard System（哈佛注释体系）等。其中，APA 论文格式被广泛应用于社会科学领域的研究，包括心理学、教育学、社会学等，而 MLA 格式则主要被应用在人文科学领域，如文学、比较文学、文学批评和文化研究等。Harvard System 虽然起源于美国，但其在英国和澳大利亚等国家运用得比较多。这几种论文格式对文献的引用标准各有不同，因此学生在撰写文章时，一定要注意自己的引用是否符合格式规范以及学校的要求。

最后，建议学生在文章完成后使用可靠的查重平台对文章进行查重。我们在写作业或者论文的时候难免会进行引用或参考，如果这些内容都是原句引用，势必会造成查重率的飙升，导致被认定非蓄意抄袭。因此我们除了要拥有足够的专业英语词汇量之外，使用可靠的查重平台，如 Turnitin，可以有效帮助我们避免可能造成的误会。

不管在哪个国家，抄袭都是很严重的问题。大多数国际学生千里迢迢来到异国所求的是实实在在的知识，是通往更高层次的路径，而不仅仅是一纸文凭。海外求学的机会来之不易，也希望大家认真对待学业，珍惜美好的机会。

90 | 海外留学被学术警告了怎么办？

由于中西方学术文化上的差异，很多留学生"一不小心"就会收到学校发来的学术警告（Academic Warning 或 Progression Warning）。有一些学生自觉并没有犯什么错误，不是很在意，结果为日后的留学生活埋下了"地雷"。那么到底什么是学术警告呢？被警告后又该怎么办？

学术警告的分类

通常情况下，学术警告主要分为三类：学分过少、成绩过低，以及学术不端。

学分过少一般是指学生每个学期完成的学分没有达到学校或者院系的最低要求，在这样的情况下，学校会对学生进行较为温和的警告，提醒学生课程完成进度落后会影响后续的选课和毕业进度。

如果学生修够了学分，但成绩绩点低于学校的要求，学校会酌情进行一次或多次警告，并要求学生要在规定时间内重修之前的部分课程以达到学校所能接受的最低成绩，否则不得继续选择后续课程，更严重的可能会被开除学籍。例如，美国南加州大学的大多数硕士课程就规定，在读学生的绩点不能低于3.0，否则就会被开除学籍。

如果涉及学术不端，那就比较严重了。学术不端一般指的是剽窃、抄袭、造假等行为，这在海外大学的学术环境里是被严格禁止的。同时，这也是中国留学生因为学术规范差异而容易踩坑的地方。

不同的高校对学术不端的判定不尽相同，有时候会造成一些误会。例如，有些学生会在考试时使用老师上课课件里的内容，结果就会被一些高校判定为抄袭，并给予学术警告；也有些学生在完成作业时，使用了自己曾经撰写的论文内容，同样也被学校判定为抄袭，并收到了"黄牌警告"。而这些情况在国内并不会被学校判定成抄袭或者学术不端。由此可见，大部分海外高校对学术不端行为的界定是十分严苛的。

被学术警告了怎么办?

那么，被学术警告会有很严重的后果吗？会影响自己的学位、签证甚至是后续的申请吗？

这需要具体情况具体分析。首先，如果是因为学分过少而被警告的话，学生可以向系里的学生顾问（Student Advisor）进行求助，探讨并规划后续的选课。学校是希望每个学生都能顺顺利利毕业的，不希望学生因为一些非必要的事宜而延期，同时也避免由此带来的经济损失。

其次，如果学生是由于成绩过低而被警告的话，这就意味着学校已经关注到这位学生的学术态度或是学术能力有所欠缺，如果学生不及时调整自己的学习状态，学校会给予更严重的处理结果，比如停课，甚至是开除。在这种情况下，学生同样可以向系里的学生顾问寻求帮助，在老师的专业指导之下对未来的学业进行清晰完善的规划，这样就可以从学校发出的警告状态移出。

值得注意的是，因为成绩过低而被警告这种事情经常会被留学生忽略，毕竟还没有产生严重的后果。但实际上，这是学校出示的一张"黄牌警告"，这也意味着如果学生再出现类似的情况，就会被"罚下场"。因此，面对这类警告，学生需要打起十二分精神，重视自己的学业，避免影响到自己后续的留学生活甚至是升学规划。

最后，如果是因为学术不端而被警告的话，不论学生是否真实存在学术不端的行为，都建议提交申诉信（Appeal Letter）阐明情况，并出席学校纪律委员会的听证会。如果确实存在学术造假、论文抄袭或违反学术规范等情况，建议学生在申诉信中描述事件发生的详细过程，承认自己的过失并诚恳地致歉，看是否有可能减轻学校对自己的处罚力度。

当然，如果是因为误会或者学校存在误判等情况，在申诉信中同样要如实阐述事情经过并进行解释，毕竟这是一个为自己辩白的机会，需要十分认真对待，不然可能面临被退学的艰难处境。

总而言之，被学术警告的后果可大可小，但不变的是，这个警告会被学校记录在案。虽然大部分的警告，尤其是因为学分不够或者成绩过低等情况造成的警告，一般不会呈现在学生的档案里，也不会影响到学生的学位获取或是后续的升学规划，但这个警告会被记录在学校的档案里，作为对学生的警示。

海外高校普遍实行"宽进严出"的教学政策，对学生的日常学业要求大多比较严格，平时的出勤、测试、论文如果达不到老师的要求，想通过期末考试来弥补是不现实的。因此，留学生需要尽可能摒弃那些不良的学习习惯，遵守学术规范，掌握适合自己的学习方法，方能顺顺当当完成学业。

对 于初到海外的中国留学生来说，去何处查找文献是学术道路上面临的一大难题。面对国外陌生的学术环境，我们往往会感觉无从下手。那么应该去哪里找到可靠的文献资源呢？

获取文献的主要途径

现如今，线上查找文献资源是一种效率比较高的方式，主要途径是从各类数据库下载。各高校图书馆购买的数据库都比较齐全，即便不全也可以通过网络中的多种手段获取。根据收录的文献数量、搜索结果与关键词的匹配度，线上的数据库大体可分为通用数据库（General Database）和专业数据库（Professional Database）。

常见的通用数据库包括 Google Scholar 和 ResearchGate 等，类似于国内的"知网"，此类数据库包含的文献数量较多，各学科专业的论文都会有所收录，因此搜索出来的文献结果与关键词的匹配度不是特别精准，适合初涉某一研究领域，需要大量查找、阅读文献的同学使用。需要注意的是，由于收录的文献数量过于庞大，通用数据库中的文献质量和作者水平往往良莠不齐，同学们需要注意甄别文献质量，切忌不加筛选全盘取用，以免浪费时间和精力。

专业数据库通常指各学科专业常用的数据库，收录的文献资源均是学科范围内或学科相关的研究成果，相对于通用数据库，所包含的文献数量较少，但搜索出来的文献结果与关键词匹配度较高，文献质量也普遍受到认可，因而对学生的文献甄别能力要求较低。一般来说，学校图书馆的电子资源平台往往都会购买不同学科的专业数据库，方便在校生直接从图书馆网站上进入专业数据库获取文献资源。以理工科为例，常用的专业数据库包括Scopus、Web of Science、Surface、ProQuest、JSTOR等。

除了线上的途径之外，不要忘记学校图书馆中也隐藏着丰富的可利用资源。一般来说，图书馆的书库会随时上架更新各个专业领域的权威期刊，有心的话可以多去图书馆翻一翻这些最新的期刊，说不定就能够找到你所需要的文献或者论文的灵感。

如何有针对性地查找文献

通过以上几种途径，获取一定数量的文献不成问题，那么如何在海量的文献资料中找到关联性强且质量高的文献呢？

作为高校学生，特别是以后有志于从事学术研究的学生，首先非常有必要了解本领域的核心期刊都有哪些。这就需要靠自己用心搜索得知，或者通过老师的推荐，直接去图书馆相关书库查找也是个便捷的选择。核心期刊所含专业信息量大，往往能够代表本学科的学术发展水平，查阅核心期刊能够帮助我们找到有益于研究的重点参考文献。

除了核心期刊，每个学科领域内都有几位举足轻重的领军人物。能够在顶级期刊发表综述、拥有多篇高被引论文、在本领域的国际学术研讨会上被邀请发言的学者，可以说都是这个领域的"大牛"，他们所从事的研究方向一定程度上代表了目前的学科发展主流方向。通过上述特征找出这些"大牛"，多读他们的文章，有利于我们把握目前的研究前沿，从中领悟更多的学术理论。

具体到如何检索，最常见的方式是检索关键词和主题词，但需多多尝试和更换其他词汇，确保检索到的内容尽量全面；或直接检索在该领域颇有建树的学者，找到与自己研究领域契合的相关论文。如果手中已有与自己课题相关的综述，可根据文中的参考文献找到那些原始的研究论文，进一步扩充自己的阅读面。

此外，检索到的论文切不可盲目下载，也要注意文章的参考价值，如期刊的影响因子和文章的被引次数等，谨慎地选取其中水平较高的论文或观点下载学习。

对于国外大学的学生来说，写论文是家常便饭，要想出色完成，最重要的还是平时多积累，多阅读期刊和相关的文献材料等。因此，了解论文检索的方法、评估和辨别文章质量是学生们应该具备并熟练掌握的技能，而使用可靠的文献来源则是个人学术道路的第一步。只有多观察，多思考，日积月累，才能为将来的学术生涯奠定稳固的基石。

92 | 海外求学如何用英语做好 Presentation？

在国外的大学课堂中，Presentation（演讲汇报）是一种常见的考查形式，也是学生展现自我的好机会。

对于中国学生来说，在留学之前的学习经历中，基本不会或很少涉及 Presentation 这种模式，所以刚到国外高校遇到此类作业时会有点摸不着头脑，无从下手准备，备感压力。那么留学生应该如何准备 Presentation？有哪些小技巧有助于提高 Presentation 的分数呢？

观点明确，逻辑清晰

通常来说，Presentation 会要求同学们围绕一个主题来展示自己的研究成果，表达自己的观点，老师会就学生们资料搜索与整理、逻辑梳理、思考感悟、语言表达等多方面的表现进行评判。优秀的 Presentation 往往会给人留下一种逻辑清晰、观点明确的印象。

为此，我们需要在演讲前做好充分的准备。首先是根据老师布置的主题范围明确选题，这通常需要多方查阅资料来找到一个小组成员感兴趣的切口，当然有时老师也会直接给出一个明确的选题，让同学们据此开展研究。接下来就要多看文献，从中积累可用的论证观点和素材，最后经过小组成员的讨论和分工整理，融合为一份逻辑严密、论证充分，同时又能体现个人观点的研究报告。

"总—分—总"的论述结构一般不会出错，即开头提出观点或明确研究主题，再罗列分论点加以论证，最后得出结论。在 Presentation 刚开始时，就要开门见山地让老师和其他同学了解到报告分为几个部分，每部分展示什么内容，同时通过 PPT 加以美化和呈现，做到详略分明，重点突出。如果没有清晰的逻辑结构，台下的老师和同学很容易就会迷失在 Presentation 展示的密集信息中，无法抓住演讲者想要重点表达的内容。

自信、从容地表达

由于西方教育从小学起就注重培养学生的表达能力和独立思考能力，所以外国学生对 Presentation 这件事驾轻就熟，他们乐于表达自己，并且能够自信地侃侃而谈。但大部分中国学生很少有机会主动表达自己的想法，也害怕发言不当出现尴尬的情况，因此难免会在做 Presentation 时产生焦虑、紧张等情绪。

这些都是很正常的现象。事实上，老师和同学一般都非常友善，课堂中也没有绝对的正误，所以不必担心自己的观点是错误的。如果临场避免不了心跳加速、声音发抖等表现，可以通过深呼吸缓解焦虑，在演讲的过程中通过放慢语速或加重语气来调整自己的节奏。抬头挺胸、保持微笑，享受在台上展示自己观点的过程，尽量表现得从容、自信，给大家留下正面的印象，从状态上抢占先机。

此外，很多留学生可能会担心自己发音不准确、有口音，但这并不会影响其他人对大致意思的理解，而且留学生有不同的口音是再正常不过的事了。语言只是辅助形式，只要你对演讲内容做了充分的准备，把观点有理有据地说清楚，那么语速快慢、口音轻重都不会是问题，听众也一定能够从中感受到你的用心。

多练习，多试讲

用母语演讲尚且需要充分准备，更不必说作为留学生要用外语在台上进行十几分钟的 Presentation 了，因此勤加练习很有必要。相较于流利地背诵内容，更建议同学们深入把握整体演讲内容的逻辑，从头至尾多顺几遍自己准备的文稿或 PPT。当你熟悉并理解演讲的内容，即便遇到突发情况被打断，也能很快找回自己的节奏和思路。

此外，还需精准把控演讲时间的分配，安排好每部分的展示时间，并在练习的过程中，提前考虑到发生忘词、遗漏重点、被提问时该如何应对。这样一来，在做正式Presentation时便会更加游刃有余。同学们也可以对着镜子演练或者用手机录下自己的练习过程，不断改进自己的演讲。在练习过程中，也可以尝试加入一些手势等肢体动作，来辅助内容的传递；也可以适当地踱步，展现出较为自如的状态。当然，这些技巧最好是已经反复练习过多次，如果没有经过练习而在正式演示时突然加入这些动作，反而有可能打乱你的节奏。

留学生们在经过一次次Presentation的磨炼后，其独立思考能力、逻辑思维能力、表达能力等往往都会有一定提升，并逐渐习惯在众人面前自信地表达自己。这不仅有利于自身学术能力的进步，对于今后工作中的交流沟通、工作汇报也能起到一定的加分作用，收获更多的成就感，进而可以帮助我们走出舒适区，发现自身的更多可能。

第七章 职业发展：
愿你纵横四海，归来仍是少年

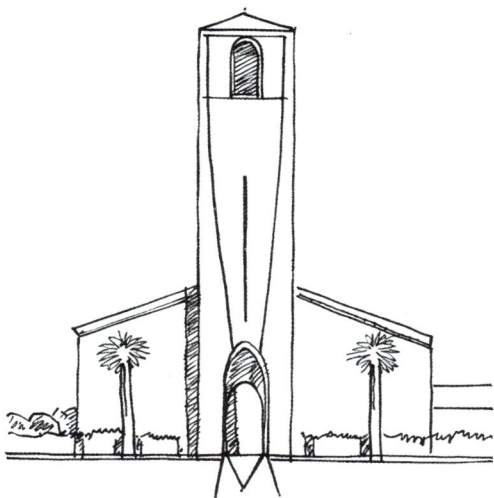

93 | 海外高校会提供实习和就业机会吗？

对于年轻人而言，拥有丰富的实习经历对求职有着相当大的帮助，用人单位普遍更愿意选择有相关经验的求职者。因为这既可以证明你的能力被认可过，也意味着曾接受过系统的锻炼。那么，海外高校会提供实习以及就业机会吗？

一举多得的带薪实习

加拿大作为一个在教育中非常注重实际应用和实践技能的国家，在其公立教育的评价体系中，并不将成绩作为唯一的考量标准，其核心理念是培养学生的综合能力，并让学生掌握一技之长。在申请加拿大留学的时候不难发现，高校的很多专业都有关于 CO-OP 的描述，即"带薪实习项目"。

CO-OP 带薪实习并不仅仅是一种实习形式，更是一种极具特色的教育模式，由加拿大政府牵头和很多知名企业合作，超过 70 所大学和学院均提供带薪实习项目。

该项目旨在将课堂与企业实战相结合，将象牙塔的大门敞开来，帮助学生积累工作经验，早日告别"职场萌新"的状态。而带薪实习所获得的薪水虽说不能覆盖掉全部的留学费用，但有这样一笔收入入账，留学生活自然会踏实不少。

说到这里，就不得不提加拿大的滑铁卢大学。该校是CO-OP 项目的开创者，学校把这个教育模式办得风生水起。该校与全球 7100 多家雇主企业合作，其中不乏谷歌、微软、加拿大五大银行等北美知名企业。如此扎实、科学、有效的带薪实习系统，让学生们在校期间就能够对市场、行业等有比较深入的感知和了解，进而越来越清晰地认识自己今后想要从事的职业。

无独有偶，在地球的另一边，澳大利亚的大部分高校也会为学生提供实习课程。学生需要边学习理论知识边进行实习，不少实习不仅带有薪水还予以学分减免。例如，澳大利亚斯威本科技大学就为学生提供了诸多实习相关的选项，专业实习可以提供 6 或 12 个月带薪的全职工作，学生可同时获取学分和专业技能。

"保姆式"就业项目与资源

美国的高校也十分关注毕业生的就业情况，学校会提供就业支持服务，包括就业指导中心，以及大家熟悉的教授和老师的内推（Refer）。

入学后，学生们会不定时接收到大公司的招聘消息，既有各种招聘社交活动，也有各种实习就业机会、校友资源等的分享，甚至有一些学校还会专门帮助中国学生建立社群，协助与学长学姐联络感情。此外，就业指导中心也会协助学生修改简历，安排一些求职培训的课程、进行模拟面试等。

英国的绝大部分高校同样设有就业指导中心，常常会有一些项目可以让学生们加入到企业中。例如，南安普顿大学商学院与微软、摩根大通等众多世界知名公司保持着紧密的联系，通过教学与实际案例相结合的方式，提供高质量的实习与就业机会，帮助学生掌握新的行业趋势。

法国的高校也有类似就业指导中心的部门，特别是工程师学院和高等商学院，与各类企业都建立了紧密的合作关系。学校每年会多次组织合作企业进行校招，所有在校生甚至毕业生都可以在招聘会上提交实习及求职简历。同时，法国不少高等商学院设有企业孵化器，学生能够以个人或团队的名义提交创业方案，如果受到青睐，学校会为学生创业提供直接资助。

全方位实习就业支持

除了以上提到的海外院校常见的实习、就业服务外，很多学校还设有自己的内部网站，上面会发布一些实习、工作机会，值得多加留意。

除了学校提供的支持之外，也可以积极尝试在国外的招聘网站上寻找机会，如 Indeed、Google Jobs，还有大家在国内就已经耳熟能详的 LinkedIn，都是不错的职场社交及求职平台。

这些全方位、多角度的实习与就业支持，就像是开启一扇扇大门的钥匙，为学生们打开更多的可能性，提供更多发展的机会。

当然，大家在选择留学城市时，可以着重考虑那些企业密集的地区，从而近水楼台先得月。比如坐落于硅谷的斯坦福大学，凭借其优越的地理位置，其毕业生不仅学术精湛，在硅谷的职场上也炙手可热。

如果在海外实在难以找到合适的实习机会，你还可以将目光投向国内，参加国内企业的实习，同时也能熟悉国内就业市场的情况，也不失为一个增长见识、锻炼能力的有效途径。总之，学校学习的知识和技能最终都要接受社会的检验，方能学以致用。

94 | 留学生在海外的就业环境如何？

经常会有学生问："我在国外读书毕业后能留在当地工作吗？"对于这个问题，答案是肯定的。虽然近几年，由于中国经济的发展，更多中国留学生会选择毕业后回国工作。但随着疫情的逐步消散，全球经济开始不断回暖，国际人才争夺战已拉开序幕。那么都有哪些国家在这场"人才大战"中发出利好信号呢？

海外国家就业政策的强信号

海外国家的工作签证一般分为无条件和有条件两种。无条件工作签证是指国际学生无须找到工作，只要申请即可获得的签证；而有条件工作签证一般要求国际学生找到合适的工作岗位，并有雇主担保才可以进行申请。

纵观世界各国，加拿大、澳大利亚、新西兰以及欧洲部分国家，可以说是发放无条件工作签证的代表性国家。一直以来，这些国家都对国际学生保持着非常友好的就业政策。不论是往年，还是疫情的特殊时期，国际学生都可以在未找到工作的情况下，根据学历的不同获得不同期限的工作签证，一般在 1~4 年。加拿大甚至还贴心地为留学生配偶提供开放式工作签证，允许子女随行居住，避免家人分居两地的困境。

在 2021 年 7 月，"消失"已久的英国毕业生签证（Graduate Route，原 PSW 签证）正式回归，这无疑为毕业后想要积累当地工作经验的国际学生提供了一粒定心丸。当然，也有一些国家原本就对国际学生秉持着有条件发放工作签证的态度，比如日本、韩国、美国等。这些国家为了方便留学生在当地找工作，普遍会给予 6 个月到 1 年的实习签证作为缓冲，留学生一旦找到正式工作并由雇主申请或担保，即可获得工作签证。

由于疫情所带来的经济影响，以美国为首实行比较严格的工作签证政策的国家也有了松动的趋势，有想要毕业后在当地工作的留学生可以持续保持关注，未来可期。

如何在海外找到工作？

说了这么多不同国家的工作签证政策，可以看出，海外各个国家对于国际化人才的吸引和挽留力度是与日俱增的。不少国家还出台了对国际学生非常利好的就业政策，借此吸引更多人才。那么国际学生如何充分利用好在海外求学的这段时期，培养自己的工作技能，顺利找到工作呢？

首先，留学生可以求助于学校的就业指导中心。通常情

况下，学校的 Career Service/Career Center（就业服务 /
就业中心）会帮助在校学生修改简历、写求职信、提供面试
技巧培训，以及手把手教学生如何构建人际关系网等，这种
方式能够有效帮助有求职需求的学生学会如何包装自己，适
应当地职场需求。

其次，部分学校的网站还会推出专门针对国际学生的项
目，其中就包含一些实习、兼职信息。例如，英国曼彻斯特
大学就专为国际学生推荐工作机会，提供相关建议和可利用
的校友和导师资源。韩国的延世大学会为国际学生提供当地
公司的工作机会，部分岗位通过校内渠道进行投递，国际学
生可以跳过简历筛选阶段，直接进入面试环节。可见，经常
逛逛学校的就业网站，有时候会有意想不到的收获。

此外，国际学生可以多多关注并参加学校或学院举办的
企业宣讲会、求职酒会等活动积累人脉。同时，不少海外高
校的中国学生学者联合会（CSSA）也是一个求职途径。这些
本着服务中国留学生的原则而成立的联合会，经常会发布人
才招聘会、职业宣讲会、论坛等研讨和交流信息。多多浏览
相关信息，积攒一些社交人脉，说不定就能碰到合适的工作
机会。

还有一个求职渠道很容易被中国留学生忽略，那就是向
自己的教授寻求推荐和帮助。有的教授可能不会直接给学生

介绍工作，但会帮忙写推荐信，而一份含金量高的推荐信，也可以对职业发展起到一定的助力。如果赶上某位教授直接与业界有联系，而你恰好又跟这个教授关系还不错，那么请他来帮你介绍工作一定能起到事半功倍的效果。

其实，海外高校的大部分教授是非常热心且耐心的。如果你认真对待学业，且在课堂上给教授留下深刻的印象，课下又喜欢与教授多交流，让教授感觉到你的积极上进，更加了解你，那么相信大部分教授会非常乐意在你需要帮助的时候伸出援手。

整体来看，海外各国对于留学生在当地找工作这件事还是比较支持的。不论是政府机构、高校，还是教授个人都会为优秀的留学生保驾护航。但前提还是需要留学生在海外就读期间，学会利用学校提供的资源以及可能的社会资源，抓住合适的机会为毕业后的发展铺路。

95 海外就业必备的工作签证，你了解多少？

在当下竞争激烈的就业环境下，对留学乢而言，仅仅获得学术上的知识和能力，并不足以具备强大的就业竞争力。所以，不少留学生计划毕业后留在当地工作一段时间，尽可能积攒在国外的实践经验。相应地，大部分国家也提供了留学生可申请的工作签证。然而，各国的工作签证政策和要求大不相同，我们需要提前了解清楚。

美国：申请 H1-B 需要运气

H1-B 签证是美国最主要的工作签证种类，专门发放给美国公司雇佣的从事各项专业性工作的外籍人士，获此签证的外国人最长可在美国工作 6 年时间。它要求申请者必须具备一定的专业理论与实践知识，并完成高等教育的专业课程。也就是说，如果在美留学生想要申请 H1-B 签证，必须具有学士或以上学位。此外，那些以科学、技术、工程和管理为工作内容的职业，包括程序员、工程师、律师、会计师、建筑师、教师、教授等，被美国法律认可为"特殊专业性工作"，在发放 H1-B 签证时将会被优先考虑。

然而，H1-B 签证申请的难度可不小，这并不是因为门槛过高，而是由于申请人数太多。H1-B 签证每年的数量定额只有 8.5 万人，为公平起见，美国政府通过抽签来决定申请者的去留。硕士及硕士以上学历在抽签过程中会被优先抽取其中的 2 万个签证，没有抽中的硕士和博士将会再度与本科生一起竞争余下的名额。可见，即便留学生学历过关，找到能够提供符合要求岗位的雇主，最终能否通过抽签获得 H1-B 签证相当需要运气。

不过，在美国，并非全部工作都受此抽签政策限制。大学及相关科研机构、政府组织及相关机构，以及各类非营利性组织都可以自由雇佣留学生。这也成为一部分学生前去读博深造，希望今后可以在美国高校等机构就职的原因。

加拿大：较为宽松的 PGWP

在加拿大读书的留学生，完成学业之后可以申请办理高等教育毕业工作签证 PGWP（Post-Graduation Work Permit），这也是国际学生毕业后在加拿大工作的主要方式，有效期最长为 3 年。有了这个工作许可才可以在加拿大合法工作。

不同于美国，加拿大的毕业工作签证对申请者的要求可谓是相当宽松，几乎没有任何限制。只要学生在加拿大获得高中以上学历，在全日制学校攻读 8 个月以上便可获得一年的工作签证，攻读两年及以上可获得三年的工作签证。只要满足以上条件，国际学生便能够在尚无雇主 offer 的情况下申请，获签后可以在加拿大的任何省份工作。此外，PGWP 也没有特定的职业限制，持有人可以选择在自己学习的专业领域工作，也可以在和自己专业不相关的其他领域工作，因此接触到的工作机会会更加广泛。

经常容易被人忽略的一点是，每个留学生只能申请一次 PGWP，即便你在加拿大拿到了两个学位，也只有一次申请机会。因此，在申请 PGWP 时应慎重地考虑，自己是否真的需要工作签证，避免因为考虑不周而浪费了机会。

英国、澳大利亚和新西兰：学历越高，FSW 期限越长

在英联邦国家留学，国际学生毕业后可申请 PSW（Post Study Work）签证，同样不限制工作类型、雇主规模乃至是否有工作，对于毕业之后想要留在当地积攒工作经验的留学生来说，提供了非常方便的渠道。

根据申请人学历的不同，英联邦国家为国际留学生颁发的 PSW 签证的时长也有所差别。例如，英国大学本科、硕士毕业生可以有 2 年时间留在英国找工作，博士毕业之后则可以继续停留 3 年。而在澳大利亚，本科学历或者授课型硕

士获得的工作签证期限为 2 年，研究型硕士为 3 年，博士可以达到 4 年。新西兰的国际留学生可根据其就读的课程层级和学习时间，毕业后申请获得 1~3 年的 PSW 签证。也就是说，在这些国家学历越高，毕业后可用于求职和工作的时间就越长。

现如今在就业市场上，越来越多的用人单位看重毕业生过往的实习和工作经历。如果留学生们有机会获得工作签证，在国外锻炼一下，体验一下国际化的职场环境，既能扩展视野、提升工作能力，对未来的国内求职就业也是个很好的加分项。

96 留学生回国就业，有哪些问题需要提前关注？

近几年，随着国内经济的持续发展，越来越多的留学生选择回国发展，但部分留学生由于长时间在国外求学，对于国内就业情况缺乏了解，对就业形势判断不足，丧失就业先机，导致求职情况与预期不符。那么留学生回国就业，都有哪些问题需要提前关注呢？

留学生的应届生身份如何界定？

留学生回国就业首先面临的问题就是应届生身份的界定。所谓"应届毕业生"，大致上可以分为两类：一是当年的应届毕业生，二是已经拿到毕业证，但依旧处于择业期内（国家规定的择业期为 2 年，部分地区为 3 年）的学生。而针对留学生群体，中国教育部留学服务中心规定，留学回国人员不分应届和往届，由用人单位界定是否为应届生。

除了各用人单位有各自的应届生要求，留学生们普遍觉得回国求职的时间线有些许混乱，这是因为海外高校的毕业时间有所不同。以澳大利亚为例，部分院校的毕业时间在 6

月，而有些院校则在 11 月或 12 月。好在多数的国内名企都会在招聘公告中对海归应届生给予明确的定义。一般互联网大厂对留学生应届身份的认定多在一年左右。例如，2022 年 9 月至 2023 年 8 月期间毕业的学生都可以划为 2023 届应届毕业生。也有些公司将应届毕业生的时间区间往前设定两年。例如，2021 年 8 月至 2023 年 6 月期间毕业的学生，都可以参加 2023 年的校招。此外，如果留学生想回国考公考编，在努力备考的同时，需要注意不要随意和用人单位签署三方协议、劳动合同，或自行提前缴纳"五险一金"，避免丢失自己宝贵的应届生身份。

总而言之，留学生们需要在应聘前提前了解和摸清不同用人单位的招聘准则，打破信息壁垒，否则一不小心失去了应届生参加校招的机会就很可惜。

当然，我们也无须被应届生身份所局限和束缚。留学生在院校背景、英语水平、国际视野等方面具有独特的优势，只要能充分发挥个人所长，通过丰富的实习经历提高个人竞争力，就能在求职季中做到游刃有余。

理性看待海归求职就业难的问题

每个现象背后都有复杂的成因，需要多方面地进行分析。海归回国就业难的问题除了受当下学历"水涨船高"的影响外，还受到当前全球经济、政治严峻形势的影响。在经济不好的大环境下，企业为基本的存活，必然会进行经营战略调整，力求将损失降到最低，减少人力成本，降低招聘需求，甚至减薪裁员都是企业情理之中的做法。

无论国内还是国外，留学生求职时一定不要眼界过高，而是要脚踏实地，从基本工作做起，因为所有工作最终比拼的还是个人能力和对世界的认知。

此外，在求职过程中，求职者的学业水平和专业能力是否优秀、是否与所申请的岗位匹配，也是用人单位非常看重的问题，会直接影响到用人单位的抉择以及给出的薪酬。如果海归留学生对学业和职业缺少清晰的定位与规划，也会影响求职竞争力。

充分利用留学生的就业优势

留学需要投入很多时间、精力、决心、行动和不菲的费用，因此留学家庭会格外关注学成的结果和回报，认为孩子最终找到一个体面的高薪工作才是留学的意义所在。事实上，单从就业情况衡量留学是否值得是片面的，留学带来的最大的收获在于能力的提升、知识的更新、眼界的开阔和生命的丰富。

美国的一些常春藤大学，在录取阶段就要考查学生，是否去过孤儿院做过志愿者、是否帮助过孤寡老人等，因为这些知名院校的教育宗旨是培养各界领袖，政治领域、商业领域、科学领域等。做领袖责任重大，更重要的是要爱这个社会，愿意为社会服务。在这样的教育观念灌输中，学生的格局和眼界都潜移默化地变得更加开阔。

从求职就业的角度来看，留学经历也是大多数雇主所看重的。猎聘大数据研究院发布的《2022 海外应届留学生就业竞争力洞察报告》中对企业 HR 的调研数据显示，有 80.85%的企业 HR 会将留学经历视为加分项。在留学的过程中，经历了国外独立生活和学习的锻炼，所得到的学识、学术环境的熏陶以及接受的教育观念带来的眼界和思维，都是无法被替代的，这些都是不容忽视的就业竞争优势。

面对当前的就业压力，留学生应看清当下的就业形势，整合自身的优势去应对职场的竞争。也希望家长和学生放松心态，出国留学并不是对于未来收入翻倍的投资，而是对于不断成长、自我发展，最终过上幸福和有尊严生活的一种追求。

97 | 留学生回国有什么优惠政策？

近年来，随着越来越多的留学生选择回国发展，为了让海归们更好地实现职业理想，确保其归国后的各项权益，中国各省市及特别行政区纷纷颁布了众多优惠政策。

大城市落户

北京、上海、广州、香港等经济发展水平较高的一线城市及地区，有着广阔的个人发展空间，深受留学生们的青睐。为了更好地实现"双向奔赴"，在招揽人才、鼓励留学生归国就业方面，这些城市可谓不遗余力。

例如，中国香港特别行政区政府早在2006年就推出了优秀人才入境计划，每年定额4000人，以吸引优秀的高技术人才或优才来港定居。在2022年年底，香港特别行政区政府放宽了2023–2024年的定额限制，还特别推出高端人才通行证计划（简称"高才通计划"），毕业于世界主流大学排名前100院校的本科生，并在紧接申请前5年内累积至少3年工作经验的人士（B类申请，此类无限额），或在紧接申请前5年内获颁授百强学士学位，但工作经验少于3年的人士（C类申请，此类申请受年度配额限制，且以先到先得的方式分配）均可申请，获批者可得到在香港地区工作和生活两年的机会。

在北京，留学人员创业、工作不受出国前户口所在地限制，可长期居留或短期工作，来去自由。对在中关村科技园区创业并符合园区发展需要的回国留学人员，可按北京有关规定办理工作居住证或常住户口，不受进京指标限制。在上海，留学人员可申办企业"一门式、一条龙"服务。在符合留学人员落户基本条件的基础上，对于毕业于世界主流大学排名前 50 院校的留学生，取消社会保险费缴费基数和缴费时间要求，来上海全职工作后即可直接申办落户；排名 51~100 院校的留学生，来上海全职工作并缴纳社会保险费满 6 个月后即可申办落户。

在广州，满足申报条件的留学生，在广州市属国家机关、企事业单位、个体商户工作，或在省市场监督部门登记注册的民营企业工作，或在广州创办企业或开办个体工商户，都可以申请将户籍迁入广州。

除此之外，深圳、天津、南京、杭州等地也出台了相关的落户政策，可见各大城市对留学生人才的重视和认可程度。

学术及创业支持

在留学生归国的学术支持上，如果留学生选择进入高校进行学术研究，且在国外大学已经有职称的话，回国之后可以进行职称提升。如果在国外攻读到博士学位，回国之后想到高校任教，则可以优先考虑，高校还会给专项研究的人才提供科研启动资金。

在创新创业方面，我国各省市也给予了留学生们极大的支持。例如，北京市政府宣布将鼓励留学生创业，推出补贴政策；在上海，优秀人才在上海创办企业最高可领取 50 万元高额补贴等。

这些学术及创业的支持与保障，能够有效促进留学生归国投身学术事业，以及提升留学生的创新与创业积极性。

买车减税

留学生回国后，一年内购买政府指定范围的自用小汽车，可享受减免进口零部件关税（免税价）和车辆购置税（约为车辆计税价格的 10%）的优惠。但需要注意的是，留学回国人员可以购买的免税车为国产合资品牌，厡装进口车型不享受免税政策。不过目前大部分的合资品牌都已进入免税车名录，基本上可以满足留学生们的购车需求。

除了以上提及的福利政策外，有些地区对于回国留学生还提供子女入学、住房补贴等优惠政策。这些政策吸引着越来越多留学生学成归来，在国内的各行各业一展拳脚。

98 留学生回国就业薪资待遇如何？

随着出国留学人数的增多，回国就业的海归人数也越来越多。教育部国际合作与交流司负责人也曾公开表示，留学人员完成学业后，选择回国发展趋势明显。面对竞争激烈的国内求职市场，留学生为何选择扎堆回国？留学生回国就业薪资待遇如何？

留学生为何扎堆回国？

全球疫情暴发以来，各国的国际关系也发生了一定变化，再加上近年来国内的经济发展势头向好，这些因素都加速推动了留学生的回国热潮。很多留学生相信，国内可以为他们自身提供足够大的施展抱负的舞台。

此外，国内的海归人才激励政策持续升温，比如享有大城市落户、就业创业支持补贴、生活及租房补贴，甚至还有购车优惠等各种福利，无疑也驱使着留学生们回国投身于国家的经济建设当中。例如，在很多大学的招聘公告中，博士留学生都被优先考虑，一旦录用，大学会为这类人群提供专门的科研启动资金。

尽管就业大环境愈来愈卷，但海外留学生，尤其是毕业于海外知名院校的人群还是在就业市场有一定优势的。根据猎聘大数据研究院发布的《2022海外应届留学生就业竞争力洞察报告》，留学生人才在招聘市场上的竞争力是大于国内应届生的，如果是QS世界大学排名前100院校的毕业生，求职优势会更加明显。

留学生具备薪资优势

除了国家经济的发展势头，不论是国内毕业生还是海归留学生，薪资福利都是就业时的主要考虑因素，同时也是驱动海归群体回国热潮的因素之一。根据新东方《2023中国留学白皮书》的调研数据，留学生工资的中位数区间位于7000~9999元，而国内学生工资的中位数区间位于5000~6999元。这样看来，留学生虽然不可避免地会与国内毕业生产生竞争关系，但是对于用人单位而言，他们往往更加认可留学生的能力，也非常愿意支付给他们更高的薪资。

此外，根据智联招聘发布的《2022中国海归就业调查报告》统计，海归优先职位的平均招聘薪酬连续三年走高，2022年平均薪资达到14,680元/月，可见留学生的薪资增长速度之快、潜力之大。很多用人单位对于海归员工通过留学所锻炼出来的创造力、人际交往能力、沟通展示能力亦更加认可。

　　薪酬是绝大多数留学生步入社会后避不开的问题，也是很多留学生心中衡量学习经历含金量高低的标准之一。就目前的情况来看，留学生的确具备薪资上的优势，但我们也不应该只关注这一点，入行之后也需多多注意上升路径、工作能力的锻炼等各种可能性，关注自我的长线成长。毕竟，职业发展靠的是一辈子的学习和成长，依赖于起步后的加速度和可持续发展。

99 回国就业，留学生应当具备哪些核心竞争力？

随着优秀人才层出不穷，国内就业市场越来越"卷"。很多人清晰地认识到留学生身份也并非求职利器，留学生回国就业难的问题也被越来越多的人提及。其实，有价值的从来不是某个标签或身份，而是在这背后所具备的资源和能力，这才是保证个人未来发展的基础。那么留学生应当具备哪些核心竞争力，才能在求职大军中脱颖而出呢？

语言能力

语言是文化的载体，也是现代社会对外交流沟通的工具。我们常说："多学一门语言，多一扇窗户，多一个世界。"其实就是在说，语言是认识这个世界、理解这个世界的一个重要工具。不论是使用最为广泛的英语或是其他小语种，熟练掌握一门外语，且能够实现语言互通互译　对于留学生来说是最基本的能力要求，也是在职场竞争中的绝佳优势。拥有在留学过程中得到充分锻炼的语言能力，也让企业有理由相信留学生能够快速适应工作环境，并胜任更具挑战性的工作。

专业能力

在留学生求职时，企业往往是通过学生的专业成绩、过往实习和项目经历等，来判断留学生的背景经历与岗位的对口程度。因此，与求职方向相关的专业背景相当重要。如果留学生在留学期间已经明确了未来的就业发展路径，那么除了学习理论知识外，也要充分利用课余时间参加实习或是跟着导师做项目。

每个人的背景经历都是独一无二的，优秀的成绩、独特亮眼的实习或项目经历将会为能力背书，体现出留学生的综合实力，从而给企业留下深刻的印象。

文化适应能力

中国留学生到不同文化、语言、社会习惯的异国他乡去学习和拼搏，会更容易成为跨语言、跨文化、跨区域的复合型人才，也更容易适应快速变化的世界环境。这样的人才更符合 21 世纪的市场竞争需求，相对而言也更容易赢得机会。

深谙世界发展的趋势，掌握西方的先进技术，也明白中国的文化内涵，这种中西合璧的人才，无论在哪里都会找到自己的职业定位和发展空间，在全球化的背景下拥有自己的一席之地。

解决和处理问题的能力

许多工作的核心能力要求其实是相通的，即具备解决和处理问题的能力。这不仅关乎技能，还包括对特定领域的知识以及对一份工作的态度。具备这种能力将有助于获得广阔的职业发展前景。我们经常看到这样的新闻：记者转型成为创业投资人，医生转型成为作家……这样的人，可以在不同领域里自由转换，好像过往的职业经历并未给他们带来太大的障碍。究其原因，是这些人拥有面对困难不断了解和钻研的毅力，以及直面问题并想出解决办法的核心思维方式。在未来，想要在不同岗位甚至是不同行业间转换，最重要的是培养这种可迁移的解决和处理问题的能力。即便从一个岗位转到另一个岗位，或从一个行业跨到另一个行业，这种能力和思维同样适用。这也是那些跨界成功的人所具备的核心竞争力。

此外，海归留学生具备的主要优势还包括抗压能力、创新思维能力等。虽然其中一些优势能力在国内也可以培养，但有一些独特的体验和经历在海外留学期间会感受得更加充分，收获也更大。

100 如何成为具有全球视野的高层次国际化人才？

当你迈入更大的平台、更广阔的世界时，和你竞争的将会是来自世界各地的优秀人才。这个时候，只有了解世界人才的选拔标准和游戏规则，才有可能为自己赢得一席之地。教育部此前印发的文件中也指出，要加快培养具有全球视野的高层次国际化人才。那么，究竟什么是高层次国际化人才？在全球化背景下，各国企业对高层次国际化人才的要求又是什么呢？

高层次和国际化

首先来看第一个维度——高层次。高层次人才可以理解为在各个领域中层次比较高，特别是处于专业前沿并且在国内外相关领域具有较大影响力的人才。他们接触过世界前沿的知识与技术，并且所从事的专业领域契合国家社会发展的需要。根据国家的"十四五规划"，人工智能、量子信息、集成电路、生命健康、脑科学、生物育种、空天科技、深地深海等前沿领域，新一代信息技术、新能源、新材料、高端装备、新能源汽车、绿色环保以及航空航天、海洋装备等产业领域，都是今后要大力发展的方向。与此相关的理工农医类专业人才，可以看作是应对未来挑战和国际竞争所需要的高层次人才。不可否认的是，这样的人才无论在国内还是国际上都是非常稀缺的。

第二个维度是国际化。不少人将"国际化人才"简单地与留学生画等号，其实两者并不完全相同。即便接受了国际化教育，也未必能够成为国际化人才。根据《国家中长期教育改革和发展规划纲要》，国际化人才需要具有国际视野、通晓国际规则、能够参与国际事务和国际竞争。从中可以提炼三点：第一，国际化人才需具备全球化视野，用开放包容的心态、面向未来的眼光看待事物；第二是跨文化的交际能力，理解自身文化以及外来文化，做到兼收并蓄；第三是在跨文化交际的基础上形成多元的思辨能力，用系统性逻辑来解决问题。此外，良好的语言能力也是国际化人才的基本素质。

总而言之，将高层次国际化人才放到全球范围的统一竞争平台上，也仍然具备竞争优势，能够很好地适应全球化发展，并为国际性事务做出自己的贡献。

企业对于高层次国际化人才的要求

在全球化时代，越来越多的企业看重具有国际化竞争力的精英人才。以美国硅谷为例，那里聚集着大量来自世界各地、拥有不同文化背景的人才。他们凭借自己的实力和眼界，在国际化竞争舞台上脱颖而出。

美国州立学院与大学协会（AASCU）曾发布过一份全美雇主调查，题目是"大学毕业生想要在全球竞争中脱颖而出需要具备哪些素质？"93%的被调查者都认为：有批判性思考的能力、清晰的表达能力、解决复杂问题的能力。在普华永道的《未来劳动力——2030年竞争力量》（*Workforce of the future—The competing forces shaping 2030*）报告中，通过对全球 CEO 的调研得出结论，未来被企业优先考虑的人才应该有以下几个特征：具备创造和创新能力、领导力、高情商、适应能力、解决问题的能力。可见，这些都是企业所需要的高层次国际化人才不可替代的核心竞争力。

从长远发展来看，成长为高层次国际化人才的意义从来不仅仅是自我价值的提升，而是要胸怀世界，奋发图强，参与到社会的每一次重大变革和进步中来，完成时代赋予我们的使命。而培养高层次的国际化人才，则需要社会、高校、企业的共同推动和努力。

图书在版编目（CIP）数据

100个答案：写给中国家庭的国际教育行动指南 /
周成刚著. —— 北京：新星出版社，2024.3（2024.4重印）

ISBN 978-7-5133-5306-9

Ⅰ. ①1… Ⅱ. ①周… Ⅲ. ①国际教育 – 指南 Ⅳ.
①G51–62

中国国家版本馆CIP数据核字(2023)第177106号

100个答案
写给中国家庭的国际教育行动指南
周成刚　著

责任编辑	汪　欣
产品监制	王秀荣　高　敏
特约编辑	田中原　刘红静
责任印制	李珊珊
装帧设计	黄　蕊

出 版 人	马汝军
出版发行	新星出版社
	（北京市西城区车公庄大街丙3号楼8001　100044）
网　　址	www.newstarpress.com
法律顾问	北京市岳成律师事务所
印　　刷	河北松源印刷有限公司
开　　本	787mm×1092mm　1/32
印　　张	12.75
字　　数	209千字
版　　次	2024年3月第1版　　2024年4月第2次印刷
书　　号	ISBN 978-7-5133-5306-9
定　　价	68.00元

发行公司：010-62605166　　总机：010-88310888　　传真：010-65270449